Salzburg für Frauen
Ein Stadt- und Reisebuch

Gertraud Steiner

SALZBURG FÜR FRAUEN

EIN STADT- UND REISEBUCH

Geschichte • Kultur • Information

herausgegeben von
Christa Gürtler und Isabella Klien
unter Mitarbeit von Paula Koppensteiner

Mit einem Vorwort von
Brigitte Mazohl-Wallnig

VERLAG ANTON PUSTET
Salzburg – München

Die Deutsche Bibliothek – CIP-Einheitsaufnahme
Steiner, Gertraud:
Salzburg für Frauen : ein Stadt- und Reisebuch ; Geschichte, Kultur, Information / Gertraud Steiner. Hrsg. von Christa Gürtler und Isabella Klien unter Mitarb. von Paula Koppensteiner. Mit einem Vorw. von Brigitte Mazohl-Wallnig. – Salzburg ; München : Pustet, 1997
ISBN 3-7025-0361-7

3., überarbeitete Auflage 1999

A-5020 Salzburg, Bergstraße 12

Gedruckt in Österreich.
Umschlagfotos: Gudrun Stotz, Salzburg Information
Kartengrafik: Salzburg Information
Layout: Sieglinde Leibetseder
Druck: Salzburger Druckerei
ISBN 3-7025-0361-7

Inhalt

Vorwort

„Die Salzburger Frauenwelt ... ist teils entschieden gegen die Frauenemanzipation, teils furchtbar lethargisch... Ich fühle mich unfähig, hier weiblich tätig zu sein..."

Irma von Troll-Borostyáni

Welches Urteil aus der Feder einer bedeutenden, vor kurzem erst „wiederentdeckten" Salzburgerin (1847–1912) über die Stadt, in der sie lebte! War dieses Salzburg der Jahrhundertwende, diese „Provinzstadt", aus der die junge und begabte Schriftstellerin Irma von Troll-Borostyáni förmlich „durchbrennen" zu müssen glaubte, war dieses Salzburg ein und dieselbe Stadt, von welcher der deutsche Gelehrte Wilhelm von Humboldt drei Generationen vor ihr schwärmerisch verkündet hatte, sie zähle zu den schönsten Städten der Welt? Kann Salzburg mit so unterschiedlichen Augen wahrgenommen werden? Haben Frauen und Männer einen „anderen Blick" auf diese Stadt – oder hat die Stadt selbst verschiedene Gesichter? Salzburg – die Stadt Mozarts und der Musik, die Stadt der weltberühmten Festspiele, die Stadt, die sich alljährlich – in ihr sommerliches Festkleid gehüllt – die Aura einer kulturellen Metropole gibt:
Ist dieses an architektonischer Schönheit und musikalischem Flair konkurrenzlose Salzburg, wie es sich seinen Gästen zeigt, auch dasjenige seiner Bewohner und vor allem seiner Bewohnerinnen?
Stille Novembertage, an welchen hinter die gleichförmigen Fassaden der Altstadt kein Sonnenstrahl dringt, erzählen von einem anderen, einem dunkleren Salzburg, das flüchtigen Besuchern häufig verborgen bleibt. Diese Fassaden, welche mit ihren nahezu geometrisch angeordneten Fensterreihen schon die Phantasie der jungen Salzburgbesucherin Simone de Beauvoir angeregt hatten, sind steingewordene Zeugnisse von Salzburgs Doppelgesicht: Sie präsentieren nach außen die Ordnung einer glanzvollen öffentlich-bürgerlichen Welt, während sie zugleich deren privates,

geheimnisvolles Inneres verhüllen. Die Prachtbauten der Erzbischöfe, Kirchen, Residenzen, Lustschlösser tun Ähnliches: Sie bezeugen die Macht und künstlerische Repräsentationsfreude der Welt der Salzburger Kirchenfürsten, deren undurchdringliches Inneres gerade dadurch verschlossen bleibt.
Salzburgs öffentliche Außenansicht wurde mehr als in anderen Stadten durch Männer geprägt, durch Männer überdies, die sich kraft ihres Amtes und ihrer Berufung von Frauen fernzuhalten hatten – auch wenn der eine oder andere Erzbischof sein öffentliches Keuschheitsbekenntnis heimlich zu umgehen wußte. Frauen sind daher in Salzburg noch weniger als anderswo präsent –, und die Klagen aus dem Munde Irma von Troll-Borostyánis über die „Salzburger Doppelgänse“, die es niemals wagen würden, öffentlich ihre Rechte einzuklagen, fügen sich in dieses Bild.
Welche Pionierarbeit muß hier also von Frauen für Frauen geleistet werden! Frauen sichtbar zu machen, wo sie bisher unsichtbar waren, die heimlichen und unbekannten Spuren von Frauen zu verfolgen, hinter den Fassaden und Prachtbauten, hinter den berühmten Männern und abseits von ihnen – das ist Ziel und Zweck des ersten Teils dieses Stadt- und Reisebuches für Frauen.
Wußten Sie etwa, welche Caroline sich hinter der Salzburger Karolinenbrücke im Nonntal verbirgt? Wußten Sie, welche Frau als Namensgeberin für den Wallistrakt der heutigen Universität diente? Wußten Sie, daß sich gleich hinter Dom und Residenz die bescheidene Herrengasse windet, in der (nomen est omen!) die „gelüstigen Fräulein“ auf ihre Herren warteten? Haben Sie jemals die Namen von Marie Mösner, Barbara Krafft, Rosa Hofmann oder Agnes Muthspiel gehört, um nur einige wenige zu nennen, die Ihnen auf Ihren Rundgängen begegnen werden?
„Salzburg für Frauen“ soll Sie mit Straßen, Plätzen und Gebäuden der Stadt bekannt machen, deren weibliche Geschichte bisher großteils unbekannt war.

Salzburg, März 1997

Brigitte Mazohl-Wallnig
Univ. Prof. Universität Innsbruck

Einleitung

„Salzburg für Frauen" bietet Geschichte, Kultur und Information für alle Salzburgerinnen und Besucherinnen, die hinter den Kulissen der Festspielstadt und abseits seiner Männerdomänen die weibliche Seite dieser Stadt entdecken möchten.

Sechs Spaziergänge folgen den Spuren der vergessenen Künstlerinnen, unterdrückten Talente, einflußreichen Nonnen, klugen Unternehmerinnen, Hebammen, Hexen und Außenseiterinnen.
Die erste Route auf der rechten und linken Seite der Altstadt macht mit den Frauen der Mozartfamilie – Mutter, Schwester und Ehefrau – ebenso bekannt wie mit der Harfenvirtuosin Marie Mösner oder der Münzmeisterin Barbara Thenn, um nur einige Beispiele zu nennen.
Der zweite Weg weist durch den geistlichen Bezirk der Stadt bis zum Kloster Nonnberg, dem ältesten Frauenkloster nördlich der Alpen.
Der dritte Spaziergang führt vorbei am Paschingerschlößl auf dem Kapuzinerberg durch die Steingasse bis zu Schloß Arenberg, widmet sich den Frauen im Schatten bedeutender Männer, etwa Friderike Winternitz und Anna Bahr-Mildenburg, und spannt den Bogen bis zu den Matroninnen und Göttinnen aus dem römerzeitlichen Gräberfeld Bürglstein.
Außenseiterinnen des städtischen Lebens, etwa die als „Hundsgräfin" bekannte Eva Viktoria Emilie Kraus und die Opfer der Inquisition im Hexenturm stehen im Mittelpunkt der vierten Route durch die rechte Stadtseite.
Der fünfte Spaziergang beginnt am Universitätsplatz und verläßt dann die hektische Innenstadt, um über einen der beiden Stadtberge zu leiten, den Mönchsberg, dessen weibliche, künstlerische Seite zu entdecken ist.
Die letzte Route ist bestens als Radtour geeignet, kann aber auch als Wanderung oder kombiniert mit einer Busfahrt unternommen werden. Sie führt aus der Stadt hinaus zum Lustschloß Hellbrunn, wo

neben dem Schloß ein weitläufiger Park und die weltberühmten Wasserspiele zum Verweilen einladen, während der Tierpark vor allem für Kinder ein reizvolles Ausflugsziel ist.
Den Spaziergängen sind Kartenausschnitte vorangestellt, auf denen die jeweiligen Routen und als Orientierungspunkte Häuser, Plätze u. a. eingezeichnet sind, die für die Frauen-Geschichte(n) bedeutsam sind. Das Zeichen (→) findet sich bei jenen Sehenswürdigkeiten und Orientierungspunkten, die im zweiten Teil „Unterwegs in Salzburg" mit Öffnungszeiten und anderen Hinweisen beschrieben sind.

Das Stadt- und Reisebuch wird ergänzt durch kulinarische Empfehlungen, Adressen von Restaurants und Hotels, Kulturangebote, Tips zum Einkaufen und anderes mehr.

Salzburg, März 1997

Christa Gürtler,
Isabella Klien

ROUTE 1

Frauen, Kunst und Geschichte in der Altstadt

Makartplatz – Mozarts Wohnhaus – Landestheater und Marionettentheater – Mirabellgarten – Elisabethkai (Salzachpromenade) – Makartsteg

und weiter...

Makartsteg – Sterngäßchen – Getreidegasse – Mozarts Geburtshaus – Rathaus – Judengasse – Waagplatz – Mozartplatz – Residenzplatz – Alter Markt

Empfehlenswert ist, Route 1 in zwei Etappen zu unternehmen, zuerst den Spaziergang rechts der Salzach und dann auf der linken Salzachseite.
Die Route beginnt auf dem Makartplatz, also im rechtsseitigen Teil der Altstadt, dessen barocke Baugeschichte 1606 unter Fürsterzbischof Wolf Dietrich einsetzte, als dieser für Salome Alt den Landsitz Altenau, das spätere Schloß Mirabell, errichtete. Die Stadtbefestigung (1620–1646) unter Fürsterzbischof Paris Lodron bezog das Areal in ihr Bastionswerk ein und bereitete dadurch den Boden für die Stadterweiterung.
Sie umfaßte den Paris Lodronschen Primogeniturpalast (1631), heute Hochschule Mozarteum, die Dreifaltigkeitskirche (1694–1702), das Priesterhaus (1702) und das Ballhaus (1631), aus dem das Hoftheater (1775) und dann das Landestheater hervorgingen, und schließlich das Tanzmeisterhaus (1617), das als Mozarts Wohnhaus berühmt geworden ist.
Nach der Besichtigung von Mozarts Wohnhaus auf dem Makartplatz führt der Weg am Landestheater vorbei in den Mirabellgarten. Vom Schloß Mirabell geht es weiter Richtung Salzach und am Kai entlang bis zum Makartsteg. Hier endet die erste Etappe der Route 1.

Der zweite Teil der Route 1 führt über den Makartsteg und das Sterngäßchen in die Getreidegasse, ursprünglich die einzige durchgehende Straßenverbindung längs der Salzach linker Seite. Sie ist seit dem 12. Jahrhundert als *Tragaße* oder *Trabegazze* urkundlich erwähnt. Ihren gewerblichen Charakter bezeugen noch heute die schmiedeeisernen Zunftzeichen, Bilder eines verflossenen Kleinstadtlebens, die von den Logos und Markenzeichen internationaler Handelsketten überlagert wurden. Touristisches Ballungszen-

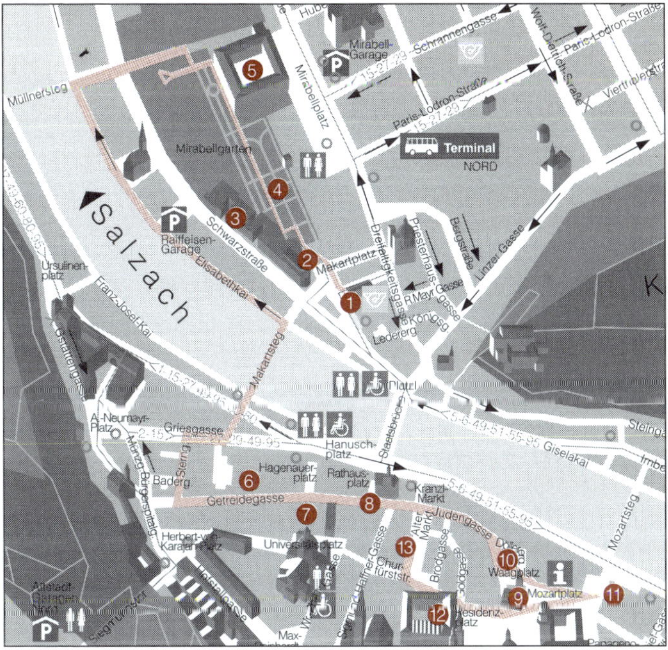

1 Mozarts Wohnhaus
2 Landestheater Salzburg
3 Salzburger Marionettentheater
4 Schloßgarten Mirabell
5 Schloß Mirabell
6 Wohnhaus Marie Mösner
7 Mozarts Geburtshaus
8 Rathaus
9 Wohnhaus Familie Trakl
10 Wohnhaus Barbara Krafft
11 Wohnhaus Constanze Mozart
12 Residenz
13 Café Tomaselli

trum ist das gelb gestrichene Mozart-Geburtshaus auf Nr. 9 mit den Rocaille-Rahmungen der Fenster.
Vorbei am Rathaus führt der Weg durch die Judengasse zum Waagplatz, ursprünglich der Mittelpunkt des bürgerlichen Stadtlebens mit Marktgeschehen und städtischer Trinkstube. Nur ein paar Schritte entfernt liegt der Mozartplatz, wo Konstanze Mozart ihre letzten Lebensjahre wohnte. Der Spaziergang führt von hier über den Residenzplatz zurück zum Alten Markt.

Die Route beginnt...

1 MOZARTS WOHNHAUS (→) DIE MOZART-WOHNUNG IM TANZMEISTERHAUS, Makartplatz 8

1773 konnte die ersehnte Übersiedlung aus der dunklen Enge der Getreidegasse auf den damals weitläufigen Vorstadtboden des Hannibalplatzes, der erst viel später von dem Historismus-Maler Hans Makart seinen heutigen Namen bekam, endlich vonstatten gehen. Acht geräumige, lichte Zimmer, darunter ein stuckierter Saal, der für Hauskonzerte wie geschaffen war, boten der Kapellmeisterfamilie Mozart ein vergleichsweise großzügiges Ambiente.
Das 1617 erbaute Haus stand damals im Besitz von Anna Maria Raab, einer Verwandten der Zeremonienmeisterfamilie Spöckner. Mozartbriefe erwähnen sie liebevoll als *Jungfer Danzmeister Mizerl*, denn sie war eine dieser erstaunlichen Damen, die in der Rokoko-Geselligkeit der Mozarts mit Konversationstalent, Herzlichkeit und Selbstbewußtsein vertreten waren.
Die Übersiedlung hatte zudem ideale Bedingungen für freundschaftlichen Austausch in häuslicher Umgebung geschaffen, dessen Umgänglichkeit und schlagfertiger Wortabtausch den Frauen des Hauses gutzuschreiben ist.

ANNA MARIA MOZART (1720–1778), Mozarts Mutter

Anna Maria Mozart, in St. Gilgen geboren und aufgewachsen, ging 27jährig in eine Ehe, die von der Autorität und Zielstrebigkeit Leopold Mozarts bestimmt war. Von den sieben Kindern,

die sie geboren hat, haben nur zwei überlebt, das viertgeborene, Nannerl, und das letzte, Wolfgang Amadeus, bei dessen Geburt sie fast gestorben wäre. Sie traf in dem künstlerischen Familienunternehmen der Mozarts zwar keine Entscheidungen, aber sie bildete jene maßgebliche Stütze, die dem Erfolg vorbaute, indem ihr Naturell dazu mit Wärme, Kraft und Heiterkeit beitrug.
Maria Rosa Hagenauer-Barducci hat um 1765 ihr Porträt gemalt, *ein starkes Charakterbild*, das in Mozarts Geburtshaus ausgestellt ist.
Auch der lockere Umgangston, der im Haus herrschte, ist ihrem Temperament gutzuschreiben sowie die launige Atmosphäre, in der die *guten Freind und Freindinnen* plaudernd *auf die nacht beym essen beysammen sizen, absonderlich Monsieur Bullinger, Jungfer Sallerl, Gilowsky Katherl, die Antretterische, Hagenauerische, Robinigsche, Schüttenhofische, Mölkische, Frau von Gerlitsch, Herr Gött, Jungfrau Mizerl und Jungfrau Sandl.*
1777 begleitete sie ihren Sohn auf seiner Konzerttournee nach Paris.
Wie beschwerlich und erschöpfend eine Kutschenreise anno dazumals war, gibt ein Brief wieder, den Maria Anna Mozart zwei Wochen später, am 11. Oktober 1777 an ihre *Lieben daheim*, nach Salzburg schickte:

Und ich schwize das mir das wasser über das gsicht lauft vor lauter bemüehung mit den einpacken, holle der Plunder das Reisen, ich meyne ich mus die füsse ins Maul schieben vor müdigkeit. ich hof du und die nanerl werden sich gesund befinden, ich mache von herzen mein Compliment meiner lieben Sallerl und Monsieur Bullinger, der nanerl las ich sagen, sie soll den bimperl nicht vill zu fresen geben, damit er nicht zu fett wird, die Thresel las ich griessen, adio ich Küsse euch beyde Milion mahl Maria Anna Mozart.

Sie starb in einer heißen Julinacht 1778 in dem bescheidenen Pariser Quartier, wo sie mit ihrem Sohn Logis genommen hatte, an der Typhus-Epidemie, die damals in der Stadt grassierte.

MARIA ANNA MOZART (1751–1829), das „Nannerl"

Stolz war Vater Leopold auf seine Tochter Nannerl sicher. Nach einem Konzert verlautbarte er öffentlich: *Genug ist, daß mein Mädl eine der geschicktesten Spilerinnen in Europa ist, wenn sie gleich 12 Jahre hat.*

Sein ältestes Wunderkind hatte freilich den kleinen Makel, ein Mädchen zu sein. Einem solchen stand allenfalls eine Zukunft als Klavierlehrerin für adelige Damen offen. Als das überragende Genie des jüngeren Bruders, den der Vater auch in der Kompositionslehre unterrichtete, deutlich wurde, endete die musikalische Förderung Nannerls. Während der Bruder quer durch die Residenzen Europas einer Karriere als Musiker nachjagte, blieb sie daheim.

Augenscheinlich machte Nannerl dieser Verzicht, der in gewisser Hinsicht auch Schonung bedeutete, keine Probleme. Er war Teil einer patriarchalen Familiengesinnung, die in ihre Söhne investierte. Wie eine Anekdote bezeugt, war diese Gesinnung auch in Alltagsfragen gültig. Als die beiden Kinder 1767 glücklich von den Pocken genesen waren, ließ Leopold für Wolfgang sechs Messen, für Nannerl hingegen nur eine einzige lesen. Von daher zwar nicht ungewöhnlich, aber doch überraschend ist die zeitlebens liebevolle und neidlos anerkennende Beziehung Nannerls zum Bruder. Er hielt seinerseits auf den schwesterlichen Rat und ihr Urteil in Fragen der Musik große Stücke.

Um die verlorene weibliche Musikerlaufbahn der Nannerl Mozart zu klagen, ist vermutlich müßig. Innerhalb der überkommenen Hofkultur wäre eine fixe Stelle als Pianistin beim Grafen Leopold Kuenburg in Salzburg in Reichweite gelegen. Von seiten des bürgerlichen Kunstbetriebs hätten sich Konzerte in Akademien angeboten. Allenthalben ein mühsamer Weg. Man vergleiche nur die Hindernisse, die der Bruder zu bewältigen hatte, um sich aus der aristokratisch bestimmten Musikkultur, wie sie noch die Laufbahn seines Vaters dirigiert hatte, freizumachen.

Nannerl wurde ein vergleichsweise geebneter Weg auferlegt. Ihre materielle Sicherheit garantierten nach dem Diktat ihres Zeitalters die Männer, die zugleich Vormund waren. Zuerst der

Vater, dem sie seit dem Tod der Mutter den Haushalt führte und dann, sie war 33 und die Frage ihrer Altersversorgung vordringlich, der Ehemann Johann Baptist Berchtold zu Sonnenburg. Er war nicht der Mann ihrer Wahl, aber beide hatten pragmatische Gründe für diesen Schritt vor den Altar. Der Bräutigam, Pfleger von St. Gilgen, hatte fünf Kinder zu versorgen, und die Braut, die damit in das Geburtshaus ihrer Mutter einheiratete, erhielt den Status einer Reichsfreifrau.

Maria Anna von Berchtold zu Sonnenburg, geb. Mozart. Ölgemälde eines unbekannten Malers um 1785 in Mozarts Wohnhaus.

Wiewohl in Kenntnis dieser vernunftgeleiteten Verbindung, meldete sich der geliebte Bruder mit einem liebenswürdig-frechen Glückwunschschreiben aus Wien, an dessen Ende er ein Gedicht setzte:

und nun schicke ich dir noch 1000 gute Wünsche von Wien nach Salzburg, besonders daß ihr beyde so gut zusammen leben möchtet als – wir zweye; – drum nimm von meinem Poetischen Hirnkasten einen kleinen Rath an; den höre nur:

Du wirst im Ehstand viel erfahren
was dir ein halbes Räthsel war;
bald wirst Du aus Erfahrung wissen,
wie Eva einst hat handeln müssen
daß sie hernach den kain gebahr.
Doch schwester, diese Ehstands Pflichten
wirst du vom Herzen gern verrichten,
denn glaube mir, sie sind nicht schwer;
doch Jede Sache hat zwo Seiten;

der Ehstand bringt zwar viele freuden,
allein auch kummer bringet er.
Drum wenn Dein Mann dir finstre Mienen,
Die Du nicht glaubest zu verdienen,
in seiner üblen Laune macht:
So denke, das ist Männergrille,
und sag: Herr, es gescheh dein wille
beytag – und meiner bey der Nacht.

Dein aufrichtiger bruder W. A. Mozart

1801 kehrte sie mit dem Ableben des Ehemanns nach Salzburg zurück, wo sie in der Sigmund-Haffner-Gasse 12 eine Wohnung bezog, in der sie, allmählich ihre Sehkraft einbüßend, 1829 im Alter von 78 Jahren verstarb.
Nach letztwilliger Verfügung sollte sie nicht im Familiengrab auf dem Sebastiansfriedhof, das Konstanze *in Beschlag genommen* hatte, ihre letzte Ruhestätte finden. Sie verfügte ihre Beisetzung in der Kommunegruft von St. Peter, neben dem Grab Michael Haydns.

1944 legte eine Bombe den größeren Teil des Mozart-Wohnhauses in Schutt. Ein erster Wiederaufbau erfolgte aus dem Drang nach schnellem, großem Wachstum in der Nachkriegszeit. Die sorgfältige Wiederherstellung des Originalgebäudes wurde 1994 mit japanischer Unterstützung begonnen und 1996 abgeschlossen.
An der Ecke Makartplatz/Schwarzstraße, am Eingang in den Mirabellgarten, steht das Landestheater, eine architektonische Konfektionsware des erfolgreichen historistischen Architektenduos Hellmer & Fellner, das 1892 einen älteren Bau ersetzte.

2 SALZBURGER LANDESTHEATER (→) FRAUEN IM BALLHAUS (1631) UND AM HOFTHEATER (1775)

Theater gespielt und zwar ausgiebig wurde in Salzburg schon lange, bevor Erzbischof Graf Hieronymus Colloredo aus dem Ballhaus, 1631 von

Paris Lodron errichtet, 1775 ein Hoftheater machte. Das war übrigens akkurat um ein Jahr früher als Kaiser Joseph II. 1776 das alte Wiener Burgtheater am Michaelerplatz eröffnete. Seit damals hatte das Schauspiel ein eigenes Dach in der Stadt, indem es das aus der Mode gekommene Ballhaus ersetzte, wo nebenher Wandertruppen, Seiltänzer und Gaukler ihre Bühne aufgeschlagen hatten.

1770, als Eva König, die Braut Gotthold E. Lessings auf der Durchreise für einige Tage in Salzburg weilte, besuchte sie eine Aufführung der „Minna von Barnhelm": *Ich muß Ihnen erzählen, daß hier eine Komödie ist, die recht gut seyn soll. Wie der Direktor heißt, will mir eben nicht beyfallen. Die Salzburger machen Anspruch auf den guten Geschmack, und er dienet zum Beweis, daß sie ihn wirklich haben, weil man Ihre „Minna" sechsmal hintereinander gegeben hat, wo es allemal gepropft voll gewesen seyn soll!*

Wo sich diese Komödie befunden hat, muß offenbleiben. Das Ballhaus bot zwar schon damals vermehrt Theateraufführungen an, aber noch wurde dort in der Hauptsache dem Kugelspiel sowie einer frühen Form des Tennis gefrönt.

An der Führung des Betriebs waren immer wieder Frauen beteiligt.

Das Unternehmen ist einem heutigen Fitness-Studio mit Animationsprogramm vergleichbar. Frauen sorgten für einen reibungslosen Trainingsbetrieb, für Bäder, Ruhebetten, erfrischende Getränke und kleine Speisen. Weibliche Gäste waren freilich nicht vorgesehen.

Über die soziale Stellung dieser Ballhausbetreiberinnen ist wenig zu erfahren. Sie waren gut bezahlte Hofbedienstete, die zu ihrer wohlhabenden Klientel in einem Naheverhältnis standen. Als das Ballhaus im 18. Jahrhundert gänzlich unter weibliche Leitung kam, war sein nobles Image bereits lädiert. 1720 ist von 10 Gulden zu erfahren, *welche der Ballmeisterin Harralhin zu überlassen sind.* Kurz darauf findet sich der Betrieb in der Hand von drei Erbinnen, den Schwestern Eisenhut, Anna Barbara, Josefa und Maria, alle unverheiratet und im Alter zwischen

31 und 48 Jahren, die zur Zeit des Erzbischofs Sigmund Graf Schrattenbach den laufenden Ballspielbetrieb führten und dazu die Gastspiele der Wandertruppen betreuten.
Erzbischof Hieronymus Graf Colloredo (1772–1812) hat das vielfältige Salzburger Theaterleben nach den Überzeugungen der Aufklärung reformiert.
Er verbot die Opern in der Residenz, dann die Schauspiele an der Benediktiner Universität und schließlich die Bandbreite der Volksschauspiele und Brauchtumsformen. Um den Vergnügungstrieb seiner Untertanen auf geistvollere Ziele zu lenken, überließ er dem Salzburger Magistrat das ehemalige Ballhaus als Schenkung, um es als Komödienhaus ohne unnötigen Luxus unter seiner Aufsicht zu halten. Mit dem bescheidenen Fassungsvermögen für etwa 700 Zuschauer wurde es am 16. November 1775 eröffnet.
Die Mozarts, seit 1773 im Tanzmeisterhaus vis-à-vis wohnhaft, konnten die bauliche Adaptierung von ihren Fenstern aus mitverfolgen und waren später selbstverständlich oft und gern bei Aufführungen zugegen.
Mehrmals fanden Wandertruppen unter weiblicher Leitung Aufnahme. 1784 brachte die Directrice Waizenhoferin hier ihre Truppe unter und bestritt durch mehrere Jahre Gastspiele. Ihr ausgewogener Spielplan sowie das Niveau ihrer Schauspieler waren berühmt. Im Herbst 1793 zog die Truppe der Prinzipalin Friederike Voltolini im Hoftheater ein. Sie gestaltete bis zur Fastnacht 1794 mit einem *geschmackvollen Programm* den Betrieb, doch war, wie es heißt, ihre Gesellschaft zu groß, um die Unkosten einspielen zu können. Als nächste historisch faßbare Prinzipalin folgte 1823 Katharina Hain, unter deren Spielplangestaltung 1825 Ferdinand Raimunds „Barometermacher auf der Zauberinsel" geboten wurde. Mit einigen kurzen Unterbrechungen führte sie die Intendanz bis 1847. Sie bewies viel Geschick im Umgang mit der vormärzlichen Bürokratie und steuerte ihr Theater erfolgreich durch eine der Kunst eher feindliche Zeit.
Katharina Schratt, Freundin, um nicht zu sagen Lebensgefährtin Kaiser Franz Josephs,

gastierte während der Direktion Leopold Müller (1879–1887) mehrmals in verschiedenen Rollen am Salzburger k. k. Theater.
Vom Landestheater sind es nur ein paar Schritte auf der Schwarzstraße bis zum Salzburger Marionettentheater, wo auch die Kammerspiele (→), die Jugendbühne des Landestheaters, untergebracht ist. Auf diese Kultureinrichtungen sei hier nur verwiesen, die Route selbst führt vom Landestheater in den Mirabellgarten.

3 SALZBURGER MARIONETTENTHEATER (→), Schwarzstraße 24

Gretl Aicher, die Prinzipalin, hat das virtuose Bühnenspiel mit Puppen von ihrem Vater Hermann Aicher gelernt. Dieser hatte 1927 die Institution eines künstlerischen Marionettentheaters seinerseits vom Vater, dem Bildhauer Anton Aicher, übernommen. Das Salzburger Marionettentheater, zwischen Landestheater und Mozarteum gelegen, steht somit in der besonderen Tradition eines kunstlerischen Puppentheaters mit dem Repertoire eines Opernhauses. Den Schwerpunkt des Programms bilden seit jeher die Mozartopern. Gretl Aicher: *Die Marionetten beginnen im Atelier des Bildhauers ihre Persönlichkeit zu entwickeln. Bildhauer, Kostümbildner und Puppenbauer müssen eine Einheit darstellen. In der Kostümschneiderei wachsen dann die Figuren langsam in ihre Rollen. Für mich ist das wie die Entwicklung eines Musikinstruments. Es muß zum Klingen kommen, ja noch mehr, es muß zur Persönlichkeit heranwachsen.*

4 SCHLOSSGARTEN MIRABELL

Eine Götterparade aus Stein und zwei athletische Ringerpaare, die durch ihre kampfentbrannte Stellung ein Portal markieren, nehmen jene in Empfang, die vom Makartplatz den Mirabellgarten betreten.
Gemäß der symbolischen Ordnung der Geschlechter ist die nach außen gewandte Balustrade von den männlichen Figuren Chronos, Bacchus, Jupiter, Mars, Herkules, Vulkanus, Hermes und Apollo besetzt. Nach innen, zur Gartenseite gekehrt, stehen leicht

Salzburger Zwergin im Zwerglgarten.

geschürzt und milde lächelnd Diana, Flora (Frühling), Athene, Ceres (Sommer), Pomona (Herbst), Venus, Vesta (Winter) und Juno.

Die Figuren sind ungeschlacht und ohne rechte Proportion, aber sie zeigen Schwung und haben Charme.

Gleich hinter den Athleten und Göttinnen am Eingang linker Hand liegt das Heckentheater. Vorbei am kleinen Brunnen mit der *Susanna im Bade* (1610), einer derb-erdschweren Skulptur aus Stein, die angeblich die Gesichtszüge Salome Alts trägt, führt der Weg zu dem Überrest eines labyrinthischen Heckentheaters, das der Architekt Matthias Diesel nach französischen Vorbildern um 1715 angelegt hat. Ursprünglich waren die Sitze *von grienem Wasen wie die Kanape* gemacht, also mit Gras überwachsene Bänke. Dieses kleine Stück Versailles bot seinem höfischen Publikum Ballettaufführungen, Pantomimen und Opern. Es wird heute wieder bespielt.

Die Figurengruppen im Umkreis des Springbrunnens (Ottavio Mosto, um 1690) zeigen Allegorien der vier Elemente. *Erde* und *Wasser* sind weiblich besetzt, und sie erzählen von Gewalt, Leid und Liebe in der Begegnung der Geschlechter. Die Figurengruppe zum Thema *Erde*, mit Blumenschmuck am Sockel, zeigt den Raub der Persephone durch Pluto. Die Figurengruppe zum Thema *Wasser*, mit Meerestieren auf dem Fundamentstein, gibt den Raub Helenas durch Paris wieder.

Nach seiner Anlage entspricht der Mirabellgarten dem Vorbild des französischen Schloßgartens, doch bilden Schloß und Garten keine gemeinsame Achse. Die perspektivischen

Bezugspunkte zu Dom und Festung, die sich damit ergeben, rücken Mirabell in eine Mittelposition zwischen (herrschaftsfernem) Lustschloß und (herrschaftsnaher) Residenz. Hinter dem Heckentheater und gegenüber dem Pegasusbrunnen liegt auf einer Terrasse erhöht der Zwerglgarten. Erzbischof Franz Anton Fürst Harrach (1709–1727), der am meisten geliebte Herrscher uber die Stadt, an dessen Totenbett noch ein leibhaftiger Hofzwerg stand, ließ 24 Zwerge aus hellem Untersberger Marmor aufstellen. Dieser Zwerglgarten ist über eine Treppe zwischen zwei steinernen Portallöwen und einen Holzsteg erreichbar. Er umfaßt keine Hauskobolde und Märchenfiguren, sondern, in der Nachfolge Callotscher Zeichnungen, verwachsene Kreaturen des einfachen Landlebens. Hier stehen Fexen, Lappen, arme Närrinnen, die teilweise Theaterfigurinen entsprechen, und an deren Abartigkeit oder Mißwuchs sich das Hofleben der Barockzeit belustigte.

Kronprinz Ludwig von Bayern ließ 1811 (Salzburg befand sich damals bedingt durch die Napoleonischen Kriege unter bayerischer Herrschaft), die *schaurigen Kerle und mißwachsenen Lappinnen* entfernen. Der Geschmack des Biedermeier hatte wenig Sinn für derlei derben Humor. Aber nach und nach kehrte ein größerer Teil dieser Salzburger Zwergln durch entsprechende archivalische Bemühungen wieder zurück.

5 SCHLOSS MIRABELL

Fürsterzbischof Wolf Dietrich, der erste Bauherr, wählte diesen Standort für sein Familienleben mit Salome Alt. Mit seinem Sturz im Jahr 1611 wurde Salome Alt aus dem Schloß, das damals ihren Namen trug, vertrieben. Der Nachfolger Erzbischof Markus Sittikus tilgte alle Spuren an das *Konkubinat* seines Vorgängers und nannte das Schlößchen Mirabell.

Erzbischof Johann Ernst Graf Thun (1687–1709) berief den kaiserlichen Architekten Johann Bernhard Fischer von Erlach aus Wien und beauftragte ihn mit der Neugestaltung des Gartens. Zwei Jahrzehnte danach wurde Johann Lukas von Hildebrandt, der Schöpfer des Wiener Belvederes, von Erzbischof Harrach mit dem voll-

ständigen Neubau des Schlosses betraut. Dieser Prachtbau mit Turm fiel dem verheerenden Stadtbrand von 1818 zum Opfer.
Vom ursprünglichen Baukörper blieb das barocke Treppenhaus erhalten, mit dem Geländer aus verschlungenen Ornamenten und den zahlreich darauf lagernden *Putten*, die mit verspielter Gestik die Besucher nach oben geleiten. Sie stammen, ebenso wie die mythologischen Figuren in den Nischen, aus der Werkstatt des Bildhauers Georg Raphael Donner und sind um 1726 entstanden.
Über diese *Himmelsstiege* schreiten gegenwärtig Hochzeitspaare aus dem In- und Ausland, um sich im Marmorsaal, dem angeblich schönsten zivilen Trauungsort der Welt, das Jawort zu geben. Ermöglicht hat dies eine Schenkung Kaiser Franz Joseph I., der 1863 Schloß Mirabell und Kapuzinerberg der Stadtgemeinde Salzburg vermachte. Vorerst vermietet, zog 1938 die städtische Verwaltung aus dem Rathaus hier ein. Auch das Frauenbüro der Stadt Salzburg (→) ist im Schloß Mirabell zu finden.

Über die Treppe rechts am westlichen Ausgang, den zwei liegende Einhörner flankieren, vorbei am Vogelhaus, verläßt diese Route den Schloßgarten Mirabell und steuert auf den Salzachkai zu. Unter Kastanien führt der Weg den Fluß entlang bis zum Makartsteg, wo ein bronzener Radfahrer der Salzburger Bildhauerin Lotte Ranft steht.

Salzburg

Du fliegst über
tönende Berge
eine Lerche
im Augenflug

Raubvögel
ihre Schlagschatten
auf schönen Kulissen

Einst flogen hier
Geigen gen Himmel
pianissimo

Spring
über die Schatten
ins Mozartlicht

Rose Ausländer (1901–1988)

LINKS DER SALZACH – Teil 2 der Route 1

Mit der Überquerung der Salzach erreicht die Route den Franz-Josef-Kai zwischen Bushaltestelle und Taxistand. Über zwei Straßen geht es weiter zur alten Häuserzeile in der Griesgasse. Vorbei am Sternbräu biegt die Route links ins Sterngäßchen ein. Von dieser schmalen Verbindung in die Getreidegasse zweigt rechts das Badergäßchen ab, wo sich in mittelalterlicher Zeit eine Münzstätte befand.

BARBARA THENN (1519–1579), Münzmeisterin

Seit 996 hatte das Erzbistum Salzburg das Recht, Silbermünzen zu schlagen, um so den Erzreichtum seiner Gebirge in Geld umzumünzen. Zur Zeit Leonhards von Keutschach (1495–1519) wurde diese Einnahmequelle nicht genutzt, das Edelmetall wenig einträglich nach Venedig verhandelt. Der Keutschacher berief deswegen 1500 den Münzmeister und Gewerken Hans Thenn nach Salzburg, der hier eine Münze eröffnete und nach einigen Startschwierigkeiten ein Vermögen machte. Als er 1531 im Stammhaus der Thenns *In der Zell* im Badergäßchen nahe der Münzstätte verstarb, hatte sich das Familienkapital um reichen Grund- und Hausbesitz vermehrt.

Seine Nachfolge trat der Sohn, Marx Thenn, an, der sich 1536 mit der erst siebzehnjährigen Barbara, Tochter der vermögenden Kaufmannsfamilie Alt, vermählte. Bei seinem Tod im Jahr 1552 hinterließ er neben der Münze zahlreiche Bergwerksbeteiligungen, die nach einer unternehmerischen Führungspersönlichkeit verlangten. Dies stellte Barbara Thenn unvermutet, aber offensichtlich nicht ganz gegen ihren

Barbara Thenn, Münzmeisterin.

Willen, vor die Aufgabe, sich als *weibliche Spitzenkraft* unter Beweis zu stellen. Denn gefragt war nicht weniger als die Leitung eines weitläufigen Familienbetriebs, der nach heutiger Definition als Konzern zu bezeichnen wäre.
Und Barbara Thenn hat sich 20 Jahre in dieser Stellung behauptet. Sie überlebte ihren *männlichen Beistand*, eine Art Vormund, in der Führung der Münze und wurde von Erzbischof Jakob von Kuen-Belasy (1560–1586) in ihrem Amt bestätigt. Zu Fall brachte sie die Pestepidemie von 1571 und ein *windthelsiger* Intrigant namens Hans Geizkofler. Barbara Thenn war mit den Kindern vor der Pest nach Mondsee geflüchtet, die Münze personell entsprechend unterbesetzt, das Lager an Edelmetall kaum noch zu schützen. Barbara Thenn verfügte die einstweilige Schließung der Münze. – Und Geizkofler verklagte sie deswegen beim Erzbischof. Barbara Thenn wurde die Führung der Münze entzogen. Man hatte sich damit nicht nur einer unternehmerischen Frau in leitender Position entledigt, sondern dazu einer einflußreichen, vermögenden Familie, deren offene protestantische Gesinnung reichlich Konfliktstoff in sich barg.
Barbara Thenn verstarb 60jährig, am 3. Juni 1579, in ihrem Haus *In der Zell* im Badergäßchen. Da ihr in Salzburg ein protestantisches Begräbnis verwehrt war, wurde ihr Leichnam zur Beisetzung nach Mondsee überführt.
Ihr Bild in der Familienchronik der Thenns zeigt sie, das Haupt nach der Sitte der Zeit verhüllt, in Gebetshaltung.

An der Ecke Sterngäßchen/Badergäßchen liegt der rückwärtige Eingang in den Hof des Sternbräus, einer traditionsreichen Einrichtung der Salzburger Gastronomie und Bierkultur. Deren weibliche Prägung ist auch in diesem Fall dokumentierbar. Seit 1408 bestand hier ein Haus, Hofstatt und Höfel, das ab 1542 als „Pierprew" geführt wurde. 1810 erwähnen Urkunden eine der letzten selbständigen weiblichen Brauersgestalten als Eigentümerin: Kundigunde Hörlin, Bierbräuin. Das Sterngäßchen mündet in das obere Ende der Getreidegasse, die der Spaziergang links, Richtung Rathaus, entlangführt.

6 WOHNHAUS MARIE MÖSNER, Getreidegasse 28

Hier lebte im 19. Jahrhundert eine Familie, an deren Konstellation vieles an die Mozarts erinnert. Auch in diesem Fall begünstigte ein musikalisches Familienerbe im Verbund mit familiärem Ehrgeiz die Konzertlaufbahn zweier Wunderkinder. – Mit dem entsprechenden Abstand von gut 80 Jahren.

Die Harfenistin Marie Mösner nahm neben W. A. Mozart, dem *größten Sohn* der Stadt, den Ehrenplatz ein, deren *größte Tochter* zu sein. Ihre Konzertauftritte in den großen Städten, Akademien und Residenzen Europas wurden mit Begeisterung aufgenommen.

Heute ist Marie Mösner vergessen.

MARIE MÖSNER (1828–1884), Harfenvirtuosin

Der Vater war Stiftsmesner in Michaelbeuern, dann Violinist in St. Peter und Organist in der Kollegienkirche. Die Mutter, eine Arzttochter, war früh verwitwet und hatte in zweiter Ehe einen k. k. Oberarzt geheiratet.

Mit Unterstützung der Kaiserin-Witwe Caroline Auguste erhielt der Sohn Christian eine Geigerausbildung am Wiener Konservatorium. Marie nahm zuerst in München und ab 1852 in Wien Unterricht im Klavier- und Harfenspiel. Die gemeinsamen Konzertreisen fanden durch den Tod des Bruders ein jähes Ende. Ein Jahr später, beim ersten Vereinskonzert des Mozarteums, stand Marie Mösner wieder in der Öffentlichkeit. Sie vollendete ihre Ausbildung in Paris und wurde danach, gerade 17 Jahre alt, für eine Professur an das Straßburger Konservatorium berufen. Für Konzertauftritte reiste sie nach London, Paris, Brüssel, Berlin, Prag und Wien.

Die *erste Harfenspielerin Europas* erntete mit ihren Konzerten freilich mehr Erfolg als Geld. Die Einnahmen deckten kaum je die enormen Kosten für den getätigten Aufwand. 1861 wurde sie vom österreichischen Staat mit dem Titel *Kammervirtuosin* ausgezeichnet, auch das eine hohe Ehre, aber erst mit ihrer Eheschließung sollte sie einen Titel erlangen, der zur Konsolidierung ihrer Verhältnisse beitragen konnte. Graf Philipp von Spaur be-

Die Harfenvirtuosin Marie Mösner.

wohnte auf dem Kapuzinerberg Nr. 8 eine Villa. In seiner Nachbarschaft lag das Bader-Bauer-Häuschen, ein kleines Anwesen von Marie Mösners Großvater, in dessen idyllische Ruhelage sie sich bei Salzburgaufenthalten gerne zurückzog. Aus der guten Nachbarschaft wurde eine gute Ehe, die für die Bürgerstochter zudem einen enormen gesellschaftlichen Aufstieg bedeutete.

Ihre Konzertlaufbahn als *erste Harfenistin Europas* kam damit freilich zum Erliegen. Marie Mösner, nunmehr Gräfin Spaur, starb 1884 im 46. Lebensjahr und ist im Kommunalfriedhof beigesetzt, wohin ihr Ehemann noch im selben Jahr nachfolgte.

7 MOZARTS GEBURTSHAUS (→), Getreidegasse 9, UND SEINE HAUSHERRIN MARIA THERESIA HAGENAUER

Wolfgang Amadeus Mozarts Geburtshaus am Hagenauerplatz in der Getreidegasse 9 ist Salzburgs bekannteste Sehenswürdigkeit, mit jährlichen 350.000 Besuchern (Stand 1996). Sie stehen vor der Hausfassade zum Schnappschuß aufgestellt, um sich dann durch das enge Stiegenhaus ins 3. Stockwerk hinaufzuschlängeln. Dort wurde in dem mittleren Raum, durch dessen einziges Fenster ein Uhrturm der Kollegienkirche schaute, am 17. Jänner 1756 der Genius dieser Stadt geboren.

Der aus Augsburg zugezogene Kapellmeister Leopold Mozart hatte die Räumlichkeiten von der Salzburger Geschäftsfrau Maria Theresia Hagenauer in Miete. Sie umfaßten neben Wohn- und Nebenzimmern auch eine mit Marmorplatten belegte Küche, was den gehobenen Stellenwert guten Essens im Haushalt Mozart bezeugt. Die Hagenauers führten im Erdgeschoß eine Spezereiwarenhandlung und zählten zu den *Freind und Freindinnen* der Mozarts, mit denen sie in geselliger Runde *auf die Nacht* plaudernd zusammensaßen.

1736 hatte Maria Theresia Hagenauer, die als Tochter eines Handelsmanns und Ratsherrn selbst der Salzburger Oberschicht entstammte, in das Haus der bekannten Kaufmannsfamilie eingeheiratet. Leopold Mozart hat sie aus Paris über die neueste Mode benachrichtigt, die *Tresel* Hagenauer hat sich mit Salbenrezepten für die erkrankten Kinder oder Ratschlägen für Nannerls Menstruationsprobleme revanchiert. Diese freundschaftliche Verbundenheit hielt auch an, als die Mozarts ins feine Tanzmeisterhaus übersiedelten.

In den Reisebriefen sind regelmäßig Grüße an die Hausleute eingeschlossen. *Die Frau Hagenauerin wird wohl zu Zeiten ein Vater Unser für uns beten. Es tut wirklich not, denn wir beten nicht gar viel,* schrieb Leopold Mozart 1770 seiner Frau aus Italien.

8 RATHAUS MIT JUSTIZIA

Der rote Turm oder *Turn beim Judenbrunn* hieß ursprünglich der 1407 als Rathaus adaptierte *Kheuzlturm*, der mit seinem Standort in *der Häuser quetschender Enge* den geringen, gedrückten Stellenwert dokumentiert, der den Bürgern der Stadt zukam. Den Salzburgern, die zur Errichtung der weitläufigen Prunkbauten der fürsterzbischöflichen Residenzstadt brav ihr Scherflein beitrugen, war das Rathaus immer viel zu eng und viel zu klein.

Erzbischof Markus Sittikus ließ 1616–1618 einen grundlegenden Umbau vornehmen. Für den schlichten Bau charakteristisch sind der schön ausgeführte Uhrturm, wo eine die Mondphasen anzeigende, halb blau, halb gold getönte astronomische Mondkugel aufgestellt ist, und die von Hans Waldburger 1616 gefertigte Statue der Justizia. Sie thront, Schwert und Waage in Händen, mit verbundenen Augen in der Nische über dem Portal mit dem Stadtwappen und erinnert daran, daß das Rathaus ursprünglich auch Gerichtsort war.

Um 1675 ließ Max Gandolph die Fassade und den Ratssaal renovieren, vergoldete Ledertapeten und die Bilder der Erzbischöfe anbringen. Im zweiten Stock war ein Redoutensaal untergebracht, mit *einem Orchester und vielen Lampen und Kronleuchtern*, wo Abendunterhaltungen, Honoratiorenbälle, Theaterabende und Konzerte stattfanden.

Im 20. Jahrhundert übersiedelte die Stadtverwaltung vom Rathaus ins Schloß Mirabell. Öffentliche Tagungen des Gemeinderats werden bis heute im Rathaus abgehalten, dessen Turm eins der Wahrzeichen der alten Stadt ist.

Die Route führt am salzachseitigen Rand des Alten Marktes vorbei durch die Judengasse bis zum Waagplatz.

9 WOHNHAUS DER FAMILIE TRAKL, Waagplatz

Wo heute die Tische des Café Glockenspiel stehen, lag um die Jahrhundertwende eine Eisenhandlung, auf deren Markise in großen Lettern der Name des Eigentümers, Tobias Trakl, angebracht war. Das im Aufschwung befindliche Baugewerbe hatte auch den ökomomischen Werdegang der Trakls beflügelt. Die Wohnung war über den Eingang am Waagplatz 3 erreichbar. Im Geburtshaus von Georg Trakl am Waagplatz 1a befindet sich heute die Trakl-Gedenkstätte (→).

Salzburgs einziger Dichter von Rang hat seine Lebensbahn in relativ behüteten Verhältnissen begonnen, zusammen mit fünf Geschwistern, von denen ihm die jüngere Schwester Grete zeitlebens sehr nahe stand. Nach wenig aussichtsreichen Lebensstationen in Salzburg, Innsbruck und Wien, wo der Künstler und inspirierte Außenseiter in Georg Trakl die hoffnungsvoll eingegangenen Dienstverpflichtungen wieder auflöste, um den Dichter vor dem Alltagsmenschen in Sicherheit zu bringen, schied er 1914, in kaiserlicher Uniform, infolge einer Kokainvergiftung in einem Lazarett in Krakau aus dem Leben. Er war 27 Jahre alt.

Die Tragödie seines Lebenswegs, so ist anzumerken,

schließt das leidvolle Geschick von Mutter und Schwester mit ein. Denn Georg Trakls Laufbahn überlagert in ihrem psychischen Untergrund einen ungelösten Zwist zwischen dem *auf Eisen gebauten*, ausgeglichenen Erfolgsweg des Vaters, der 1910 verstarb, und einer *ruhelosen Schönheitssuche*, einer versteckten weiblichen Innenwelt der Trakls.
Maria Trakl, die Mutter des Dichters, schloß sich tagelang in ihren Zimmern ein, versunken in die Betrachtung der von ihr gesammelten Antiquitäten und betäubt vom genossenen Opium. Auch Georg Trakl handelte sich bereits als Gymnasiast den Ruf ein, ein *starker Trinker und Drogenesser* zu sein.
Die Volkskundlerin und Publizistin Nora Watteck erinnert sich an ihre Bekanntschaft mit Maria Trakl:
Als Fünfzehnjährige hatte ich das Glück, wiederholt von ihr eingeladen zu werden. Schon damals hatte ich großes Interesse an allen Belangen der Kulturgeschichte. Wenn sie eine ihrer Kommodenladen öffnete, entstieg ihnen das unbeschreibliche sanfte Duftgemisch aus Weihrauch und

Die Familie Trakl mit Verwandten bei der Einfahrt in das Salzbergwerk Berchtesgaden. Links: Grete, Fritz und Georg.

leichtem Moder, wie er alten Brokaten anhaftet, die lange in selten gelüfteten Sakristeischränken gelegen waren. Hier ruhten besonders schöne gold- und silberdurchwirkte Stoffe, Stickereien, goldgepreßte Lederetuis, kostbar geschnitzte Rokoko-Rähmchen und andere „Objects de Vertu". Aus weichen, vergilbenden Seidenstoffen wickelte sie barocke Goldradierungsgläser und schimmernde Dosen. Wenn auch von verschiedenstem Material, so verband doch alle diese Gegenstände ihre höchst verfeinerte Art, die jeder Stil nur in wenigen Spitzenstücken hervorbringt.
Auf diesen Weg der Auflösung geriet auch die in Gedichten besungene und beklagte Schwester Grete. Vom Bruder

mit dem Genuß des Opiums bekannt gemacht, endete ihr kurzes, haltloses Leben, das einmal auf eine Position als Klaviervirtuosin abgezielt hatte, in psychischer Zerrüttung und körperlichem Verfall. Sie schied in Berlin durch Selbstmord aus dem Leben.
Der Waagplatz öffnet sich zum Mozartplatz mit dem platzbeherrschenden Denkmal. Im Haus Waagplatz 6, es trägt das Schild „Waagplatz" und liegt gegenüber dem Anker-Haus auf Nr. 1, lebte von 1803 bis 1821 die in Mähren geborene Malerin und Porträtistin Barbara Krafft.

10 WOHNHAUS DER PORTRÄTISTIN BARBARA KRAFFT (1764–1825), Waagplatz 6

Bis weit ins 19. Jahrhundert war die Ausnahmeerscheinung der Künstlerin und malenden Frau an ein entsprechendes Familienmilieu geknüpft, in dem die Malerei werkstattmäßig ausgeübt wurde. Begabte Töchter durften dort mehr als bloß *Ochs und Esel* malen, sofern taugliche Söhne fehlten und entsprechendes Talent vorlag. Auch die Biografie der mährischen Porträtmalerin Barbara Steiner, verehelichte Krafft, läßt sich in diese Tradition einfügen.

BARBARA KRAFFT (1764–1825), Malerin

Sie wurde als Tochter des k. k. Kammermalers Johann Steiner in Mähren geboren und von ihrem Vater zur Porträtistin ausgebildet. 1786 stellte sie ihr erstes Bild in der Wiener Akademie aus. Das Porträtieren war eins der Gebiete, auf dem Frauen, denen man einen guten Blick fürs Psychologische und dazu taktvolles, aber doch treffendes Erfassen von Situationen zutraute, Erfolg haben konnten. Auch Barbara Steiner wurde, gerade 20jährig, zur vielbeschäftigten Porträtistin am Wiener Hof und lernte dort ihren Mann, den Apotheker Joseph Krafft kennen, mit dem sie 1789 die Ehe einging.
Vorerst noch viel auf Reisen, um ihren Porträtaufträgen nachzukommen, lebte sie ab 1803 in Salzburg und erhielt hier für ihre Bilder viel Anerkennung. Zu ihren Auftraggebern gehörten die namhaftesten Adelskreise der Stadt, die Lodron, Daun, Kuenburg, dazu die vermögenden, kunstsinnigen Bürger, die Ha-

genauer, Tomaselli, Frey, Gschnitzer, Pauernfeind u. a., die sich für ihre lebhaften *Momentaufnahmen* und das brillante Erfassen von Augenblicken in malerischer Perfektion begeisterten.
Sie verstand sich bestens auf die feinen Gesichter der Salons – auch ein bedeutendes Mozartbild stammt von ihr –, aber eine Spur besser noch auf die gemüthafte Drastik sogenannter holländischer Genrebilder mit rauchenden Alten und übermütigen Jungen in Wirtshäusern und Bauernstuben.

Barbara Krafft, Selbstporträt?

Bis 1821 war sie am Waagplatz 53, heute Waagplatz 6, wohnhaft und zog dann mit ihrem Sohn nach Bamberg, wo sie vier Jahre später verstarb. Eine Erinnerungstafel an ihre Salzburgzeit sucht man freilich vergebens. Der Großteil ihres Werks befindet sich in privater Hand, das Salzburger Museum Carolino Augusteum ist im Besitz von 17 Gemälden.

Eine großteils einstöckige Häuserzeile begrenzt nordseitig den Mozartplatz. An dessen Öffnung zum Mozartsteg befindet sich das Wohnhaus von Constanze Mozart.

11 WOHNHAUS VON CONSTANZE MOZART (1763–1842), Mozartplatz 8

Das mehrstöckige Bauwerk in Salzachnähe trägt eine Gedenktafel, die an seine einstmaligen Bewohnerinnen Constanze Mozart und ihre Schwester Sophie Haibl erinnert. Sie haben hier ihre späten Lebensjahre verbracht. Wenige Stunden, bevor Constanze Mozart am 6. März 1842 verstarb, traf das von Ludwig M. Schwanthaler gefertigte Modell des Mozartdenkmals in der Stadt Salzburg ein.

CONSTANZE MOZART (1763–1842), Ehefrau

Man hat ihr die zwei Ehen nie verziehen. Die erste, mit W. A. Mozart nicht, weil die Ehefrau eines *Stars* an sich eine *unmögliche* Rolle ist, allenfalls um den hohen Preis aufopferungsvollen Schattendaseins zu haben. Und die zweite Ehe, mit dem dänischen Legationssekretär Georg Nikolaus von Nissen, wurde ihr noch viel weniger nachgesehen. Aus dem einfachen Grund – es war die zweite.

Constanze Weber, verehelichte Mozart, hat den präjudizierenden Urteilen ihrer Umwelt (wie Nachwelt) wenig entsprochen, aber sie entsprach der Gefühlslage und Lebensweise ihres Wolfgang Amadeus.

Sie war keine bedächtig stille Hausfrau, das hätte sein Temperament nicht ausgehalten. Sie amüsierte sich und gab großzügig Geld aus. Und konnte auch darin auf seine Zustimmung rechnen. Sie war musikalisch etwas gebildet, *spielte Klavier und sang ganz artig,* blieb aber, wie es in der Mozartforschung vielfach nachzulesen steht, gegenüber der vollen Bedeutung von Mozarts Werk verständnislos. – Aber das blieben zu Mozarts Lebzeiten auch Berufenere als Constanze.

Constanze Mozart, geb. Weber. Ölgemälde von Hans Hansen, Wien 1802, in Mozarts Geburtshaus.

Seine Kompositionstätigkeit unterstützte sie durch nächtliches Punscherl brauen und Geschichten erzählen. Dieser Ehehimmel war kurzum makellos und ungetrübt.

Man weiß, daß Wolfgang Amadeus, wenn er morgens früher aufstand als Constanze, an ihrem Bett einen Zettel

mit zärtlichen Grüßen hinterließ. Darauf stand etwa folgendes zu lesen: *Guten Morgen, liebes Weibchen, ich wünsche, daß du gut geschlafen habest, daß dich nichts gestört habe, daß du nicht zu jäh aufstehest, daß du dich nicht erkältest, nicht bückst, nicht streckst, dich mit deinen Dienstboten nicht zürnst, im nächsten Zimmer nicht über die Schwelle fällst. Spar häuslichen Verdruß, bis ich zurückkomme.*
Offensichtlich sollte diese wider alle Konventionen glückliche Ehefrau nicht kritiklos davonkommen. Man verurteilte Constanze daher als *sinnliche, geistesarme, lebensdurstige, animalische Natur.* Das kühle Verhältnis zur Salzburger Familie des Ehemanns mag diese negative Stilisierung sehr erleichtert haben. Von den sechs Kindern dieser Ehe blieben nur zwei Söhne am Leben. Constanzes Einsatz für die Sicherung von Mozarts musikalischem Nachlaß hat dazu beigetragen, daß dieser der Nachwelt durch alsbaldige Drucklegung erhalten blieb. Georg Nikolaus Nissen, mit dem sie 1809 die Ehe einging, hat sie darin unterstützt. 1810–1820 lebten sie in Kopenhagen und danach in Salzburg. Nach Nissens Tod wohnte Constanze zusammen mit ihrer jüngsten, gleichfalls verwitweten Schwester Sophie Haibl sehr zurückgezogen in der Wohnung am Mozartplatz 8.

12 DIE RESIDENZ – ETWAS FRAUENGESCHICHTE INMITTEN PATRIARCHALER MAUERN

Der dreigeschossige Renaissancebau der Residenz, mit dem Dom durch Bögen verbunden, ist um drei Innenhöfe gruppiert. Erzbischof Paris Lodron gilt als der Vollender des von Wolf Dietrich begonnenen Bauwerks. 1628 fanden zum feierlichen Anlaß der Einweihung des Domes 13 Fürsten mit Gefolge hier Aufnahme, ohne daß sich Paris Lodron einschränken mußte.
Salzburg stand damals an der Spitze seiner barockfürstlichen Macht, die Residenz als Sitz dieser Herrschaft bot dafür ein glanzvolles Spiegelbild.
In der Form eines Reiseberichts ist dieses Ereignis, das von seiten Paris Lodrons auch als Demonstration kriegerischer Stärke gedacht war, durch die schriftstellerische

Der Residenzplatz. Kupferstich von Johanna Sibylla Küsel(l), um 1690.

Feder einer jungen italienischen Sängerin, Margareta Costa, festgehalten. Sie war in Begleitung des toskanischen Großherzogs Ferdinand II. als Gast des Erzbischofs zugegen. *Das Bankett war sehr königlich mit vielen Trophäen, und das Silberzeug war reichlich vergoldet.*

Beim Eintritt zur Tafel ertönten im Hofe drunten die Trompeten und Pauken und mitten unter der Tafel wurde ein großes Musikstück aufgeführt und zwar indemselben Salon mit Gesang und Instrumenten.

Nach dem Mittagessen zogen sich alle auf ihre Zimmer zurück und inzwischen wurden sämtliche Truppen auf dem Platz des Palastes gemustert; es waren dieselben, die man inner- und außerhalb der Stadt beim Einzug gesehen hatte. Man führte Schwadronentänze und Schlachten auf und ließ dabei Salven los. Ein großer Teil der Landschaft trug Livreeröcke, was sich sehr schön ausnahm. Später besichtigte der Großherzog in Begleitung des Erzbischofs die Gärten des Palastes, die Brunnen, die Vogelkäfige und die Abteilungen der Gemeinen, die sich dort befanden. Dann ging er in den neuen Dom, den der Erzbischof selbst anstoßend an den Palast hatte erbauen lassen.

Nur ein paar Schritte weiter, beim Café Tomaselli, ist der Zielpunkt dieses Spaziergangs erreicht.

13 TOMASELLI – DAS ÄLTESTE KAFFEEHAUS, Alter Markt 9

Genau im Winkel zwischen Residenz und dem von Bürgerhäusern eingefaßten Alten Markt mit dem Florianibrunnen steht mit dem Café Tomaselli eine besonders traditionsreiche Einrichtung im gesellschaftlichen Leben der Stadt. Das Café Bazar auf der rechten Salzachseite

bildet dazu das Gegenstück. Dieser von Einheimischen und Touristen gleichermaßen frequentierte Treffpunkt bietet während der warmen Jahreszeit mit Terrasse und Kiosk ein besonderes Salzburgerlebnis.
Das Tomaselli ist nicht allein das älteste seiner Art in der Stadt Salzburg, seine Gründung führt überdies zurück in die Anfänge der europäischen Kaffeehausgeschichte. 1671 öffnete in Marseille das erste Kaffeehaus Europas, 1684 folgte Wien, kurz darauf Nürnberg und Regensburg. Und am 31. März 1700 war auch Salzburg soweit. Damals erhielt der aus Frankreich zugewanderte Jean Fontaine, der mit einer Salzburgerin verheiratet war, die Konzession für einen Laden, in dem Schokolade, Kaffee und Tee ausgeschenkt wurden. Diese ging über einige Zwischenglieder an den mit der Familie Mozart befreundeten Anton Staiger, der sie auf das deswegen angekaufte Haus am Alten Markt übertrug. Bei seinem Tod 1782 ging das „Nobel-Café" in den Besitz der Witwe Katharina Staiger über, die sich mit dem Leibkammerdiener Schlauka verehelichte. Leopold Mozart berichtete seiner Tochter Nannerl nach St. Gilgen, Frau Schlauka liefere zusammen mit dem Sauerweinwirt (heute Gasthof Elefant) die „Freß- und Saufbedienung" für die Bälle des Stadtmagistrats.
Über weitere Zwischenstufen ging das Café 1852 in den Besitz von Carl Tomaselli über. Wie das *Bazar* blieb es bis heute Familienbesitz.
Um die Jahrhundertwende haben sich die bürgerlichen Frauen mit dem Kaffeehaus ein behagliches Stück öffentlichen Raum zurückerobert. Es bot die Bequemlichkeit eines Wohnzimmers zusammen mit der Lebendigkeit eines Marktplatzes.
Um den Florianibrunnen auf dem Alten Markt versammelten sich zum Ausklang des Faschings nach altem Brauch die *Maxglaner Hexen*. Die Errichtung dieses Marktbrunnens im späten Mittelalter ließ sich die Bürgerstadt einiges kosten. In den Rechnungsbelegen scheint an unvermuteter Stelle auch weibliche Mitarbeit auf. 1596 erhielt die *Christof Grueberin, Malerin auf der Trinkstuben, für das „Gater, so auf den Florianbrunnen gehert", zu drei malen 116 Gulden.*

Frauenleben rund um den Salzburger Krummstab

Sigmund-Haffner-Gasse – Franziskanerkirche – Rupertinum – Franziskanergasse – Wallistrakt – Domplatz – Dombögen – Kapitelplatz – Friedhof St. Peter (Rundgang) – Festungsgasse – Hoher Weg – Stift Nonnberg – Hoher Weg – Nonnbergstiege – Kaigasse – Herrengasse – Kapitelplatz

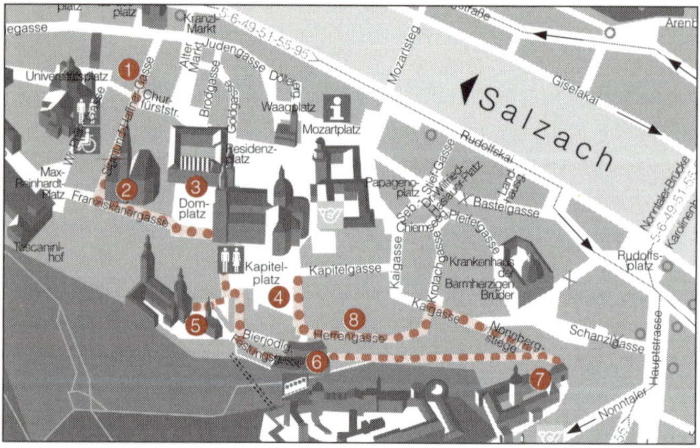

1 Geburtshaus Salome Alt
2 Franziskanerkirche
3 Mariensäule/Domplatz
4 Kapitelplatz
5 Friedhof St. Peter
6 Festungsgasse/Stieglkeller
7 Stift Nonnberg
8 Herrengasse

In der Beuge der Mönchsbergwand entstand über den Trümmerresten des römerzeitlichen Juvavum die Keimzelle des christlichen Salzburg. Und „Zelle" ist hier wörtlich zu nehmen. Die Felsenkatakomben über dem Friedhof St. Peter, die die Maximuskapelle und die Gertraudenkapelle umfassen, reichen als frühchristliche Kultstätten an den

Beginn des 3. Jahrhunderts zurück. Die im Alpenraum einzigartigen Denkmäler aus der mystischen Urzeit des Christentums wurden später als Eremitorien genutzt und bilden den Anfang des christlichen Salzburg und seiner politischen Sonderentwicklung zur geistlichen Adelsherrschaft. Als legendäre Gründerfiguren sind die Landesheiligen Rupert, Erentrudis und Virgil zu nennen. Um 712 holte Rupert seine Nichte Erentrudis aus Worms, um mit ihrer Initiative in der *Oberen Burg* 713/15 Stift Nonnberg zu errichten, das älteste, bis heute erhaltene Frauenkloster nördlich der Alpen, über das sie als Äbtissin eingesetzt war. Aber bereits in mittelalterlicher Zeit wurde der weibliche Anteil an der kirchlichen Macht im Land mehr und mehr zurückgedrängt.

Die ein Jahrtausend umspannende kirchenstaatliche Regierung Salzburgs ist an seinem Stadtbild anschaulich und greifbar. Frauengeschichte heißt in diesem Kontext Überlieferung in einem Herrschaftsgefüge, das nicht auf Familiengenealogie und politisch kalkulierten Zwangsehen beruhte, sondern auf dem politischen Wettstreit um das Amt des Fürsterzbischofs. Sie ist deswegen noch mehr Hintergrundgeschichte, noch weiter zurückgedrängt vom Macht ausübenden Apparat. Arm ist sie deswegen nicht, vielleicht aber kontrastreicher. Zu entdecken gibt es dabei weibliche Rollen, vorbildliche, normerfüllende, tabuisierte und kontroversielle, die Frauenbilder von der Heiligen bis zur Hure verkörpern.

Die Route beginnt in der Sigmund-Haffner-Gasse, die den geistlichen Stadtbezirk nach Westen ursprünglich mit einer Mauer begrenzte. Sie führt weiter über die Franziskanerkirche und den Dom, zum Kapitelplatz und in den Friedhof St. Peter (Rundgang).

Der Weg geht nun durch die Festungsgasse und über den Hohen Weg zu den Benediktinerinnen im Stift Nonnberg. Von dort bietet sich eine einzigartige Aussicht auf die Gartenlandschaft des Salzburger Beckens. Die Rückkehr in die Stadt erfolgt über den Hohen Weg, die Nonnbergstiege, Kaigasse und Herrengasse.

Die Route beginnt...

1 GEBURTSHAUS SALOME ALT, Sigmund-Haffner-Gasse 6
Keine Gedenktafel, aber ein hübsches Medaillon mit Madonna und Kind, ziert den Toreingang ins Haus Nr. 6 der Sigmund-Haffner-Gasse. Die Schrift, die hier anzubringen wäre, verstieße selbst noch gegen den gelockerten Sittenkodex von heute: *In diesem Haus wurde am 21. November 1568 Salome Alt geboren, Bürgerstochter aus einem wohlhabenden Handelsgeschlecht und Lebensgefährtin im Rang einer Ehefrau von Fürsterzbischof Wolf Dietrich, Mutter von 10 überlebenden Kindern, die 1606 in das für sie errichtete Gartenschloß am rechtsseitigen Salzachufer zog, das nach ihr Altenau benannt wurde, das spätere Schloß Mirabell.*
So oder ähnlich müßte die in Marmor verewigte Gedenkschrift lauten, die dieser einmaligen Liebesgeschichte im bischöflichen Salzburg öffentliches Gedächtnis sichern wollte. Aber es sind bloß Anekdoten, Populärhistorie und Romane, die für ein Nach- und Fortleben dieser barocken Herzensgeschichte sorgten.
Die Handelsfamilie Alt, aus Augsburg stammend und dem protestantischen Großbürgertum jener Zeit durchaus zugeneigt, war vermögend und besaß mehrere Häuser in der Stadt. Ihre gewerblichen Ursprünge liegen u. a. beim Schleiertuchhandel, einem textilen Berufszweig des christlichen Mittelalters, als verheiratete Frauen zum Zeichen der *undertänichait* Haupt und Haar in ein Stück Stoff von unterschiedlicher Machart hüllten. Die Zunft der *Schleyrer*, für die Salzburgs Stadtchronik Niederlassungen in der Chiemseegasse 1, Kaigasse 16 und am Kajetanerplatz 3 erwähnt, beschäftigte gewöhnlich mehrere Näherinnen und dazu Stickerinnen zur Verzierung, Anfertigung und Anpassung dieses Kopftuchs.
Die *Verschleierung*, die dem Lebensweg von Salome Alt auferlegt war, knüpfte sich nicht bloß an ein Kopftuch, sondern an das Reglement eines Kirchenstaates, der ihren Status günstigstenfalls ignorierte. Dies bedingte eine Herrschaftsform, die weltliche Macht und geistliche Leitung des Landes in einer Hand vereinigte.

SALOME ALT (1568–1633), LEBENSGEFÄHRTIN WOLF DIETRICHS

Lieb ist des Leids Anfang: Ein Kerker-Graffiti untermalte das tragische Ende dieser Liebesverbindung, die angeblich mit einem ausgelassenen Fest in der Städtischen Trinkstube (Waagplatz 1) begonnen hatte. Erzbischof Wolf Dietrich, 1587 im Alter von 28 Jahren durch das versammelte Domkapitel zum Erzbischof gewählt, in Rom erzogen, talentvoll und hochgebildet, soll unter den Festgästen Salome Alt, die Schönste der Stadt, erblickt und sich jäh verliebt haben.

Wolf Dietrich führte mit Salome ein diskretes, wiewohl nie verleugnetes Eheleben, anfangs in einem Nebentrakt der Residenz, ab 1606 in Schloß Altenau, dem späteren Mirabell.

Das bürgerliche Salzburg nahm an dem ehelichen Idyll, das viele Tugenden des eigenen Standes zeigte, Beständigkeit und familiäres Wohlleben im privaten Kreis, wenig Anstoß. Wie der Klerus auf diesen Widerspenstigen reagierte, ist nur andeutungsweise faßbar. Zu befürchten stand immerhin die Säkularisation, die eigenmächtige Umwandlung geistlichen Kirchenbesitzes in ein weltliches Fürstentum. Was immer daran der Wahrheit entsprach, Salome Alt blieb die Geliebte im *Schleyer*, die Frau im Verborgenen. Sie wirkte als Gastgeberin einer fürstlichen Hofhaltung, als kluge Ratgeberin und Mutter, bis eine fatale Mischung aus Selbstverschul-

Salome Alt. Miniatur von unbekanntem zeitgenössischen Maler, um 1588, Öl auf Pappe.

den durch Despotie, einem weit überzogenen Budgetrahmen und politischer Intrige diesem einzigartigen Idyll im katholischen Salzburg ein Ende setzte.
Denn 24 Jahre nach ihrer schicksalhaften Begegnung, im Oktober 1611, flüchtete Wolf Dietrich aus der Residenzstadt, um sich vor dem bayrischen Herzog, mit dem er wegen des strittigen Salzzolls im Krieg lag, in Sicherheit zu bringen. Das Domkapitel hatte den Streitfall geschickt zur persönlichen Abrechnung mit dem selbstherrlichen *Il Principe* der Bischofsstadt genutzt. Er wurde gefangengenommen, zuerst in der Festung Hohenwerfen und dann auf Hohensalzburg eingekerkert. Fast sechs Jahre Haft lagen vor ihm, aus der den Gebrochenen erst die Totenbahre forttrug. Die Äbtissin vom Nonnberg ermöglichte einen heimlichen Briefwechsel mit Salome. Vom Anfang seiner Haft datierte das Kerker-Graffiti in Hohenwerfen: *Lieb ist Leides Anfang.*
1616 wurde er in der Gabrielskapelle des Friedhofs von St. Sebastian feierlich beigesetzt. Er hinterließ eine Stadt, die sich unter seinen hochgespannten Plänen in eine Baugrube verwandelt hatte. Und er hinterließ, dies ein weiterer möglicher Grund seiner brutalen Entmachtung, eine Beinahe-Ehefrau, Salome und ihre Kinder. Sie brachten sich bei Verwandten in Wels in Sicherheit, wo Salome 1633 starb.

FRAUENSPUREN IN DER SIGMUND-HAFFNER-GASSE

1365 erwähnt eine Urkunde für das Haus Nr. 10 *der guten chauffmanin haus neben des hanns Stölzel haus*.
Im 18. und 19. Jahrhundert beherbergte die Gasse eine Reihe von Handelsfrauen – Susanna Spatin, Erentraud Fentin, Theresia Spänglerin. Am Ende der Sigmund-Haffner-Gasse steht linker Hand die Franziskanerkirche.

2 FRANZISKANERKIRCHE „ZU UNSERER LIEBEN FRAU", Klosterkirche der Petersnonnen und Domfrauen

Die ehemalige Stadtpfarrkirche „Zu unserer Lieben Frau" (seit 1139) bildet neben Dom und St. Peter das dritte geistliche Zentrum der Stadt. Bevor

1583 die Barfüßer des Franziskanerordens, die zur Missionsarbeit gegen den Protestantismus ins Land gerufen worden waren, die Kirche in ihre Obhut nahmen und ihr den neuen Namen gaben, wurde der Gottesdienst in der schon damals traditionsreichen Kirche von zwei Frauenorden mit betreut, die heute längst vergessen sind. Die Rede ist von den Petersnonnen und den Domfrauen.

Nach gut mittelalterlicher Tradition haben sie die Salzburger Mönchsorden zu Doppelklöstern verstärkt. Chancen auf ausgewogene Teilhabe am Kirchenleben waren damit nicht verbunden.

Die St. Benediktsnonnen oder Petersfrauen bewohnten das ihnen von Abt Balderich um 1125 eingeräumte Gebäude, das jetzige Franziskanerkloster (gegenüber der Kirche) und genossen dazu den mit Obstbäumen bestandenen *Frauen garten* auf dem Boden des heutigen Universitätsplatzes. Auch die St. Augustins-Chorfrauen oder Domfrauen hatten ihre Wohnung, den sogenannten Domfrauenhof, in der Nähe der *Liebfrauenkirche*.

Mit der Berufung der Franziskaner nach Salzburg nahte um 1583 das Ende für die Petersfrauen. Das Kloster der Domfrauen war bereits 1459 aufgehoben worden. 1462 wurde die Auflösung der Versammlung der Domfrauen besiegelt. Diese von Rom aus angeordnete Zurückdrängung weiblich organisierter Gemeinschaften im Kirchenleben ist im Spätmittelalter programmatisch und vielerorts zu beobachten. Salzburg bildete mit dem Niedergang seiner Frauenklöster keine Ausnahme.

Um 1450 waren die Domfrauen auf eine Gruppe von fünf älteren Damen zusammengeschmolzen, *welche obendrein ein sehr unklösterliches Leben führten*, wie der Historiker Zauner schreibt. Was mit ihrem überwiegend aristokratischen Stand in Verbindung stehen dürfte. 1461 kam es zur Auflösung.

Ähnlich gestaltete sich das Ende der Petersfrauen, von denen im Jahr der Aufhebung ihres Klosters nur noch zwei Frauen am Leben waren, die beide zu den Schwestern am Nonnberg übersiedelten. Dort hatte soeben päpstliche Nachschau aus Rom, unter Kommissarius Felix Ninguarda, die

Nonnen unter die Pflicht einer Reihe von eisernen Dekreten genommen.

Die Franziskanerkirche, ein Paradiesgarten aus Stein:
Die Franziskanerkirche ist einer der stimmungsvollsten Sakralbauten unter den vielen, keinesfalls atmosphärearmen Kirchen der Stadt. Über dem romanischen, düster-schwerem Langhaus entfaltet sich der luzide Raum des Hallenchors, wo fünf *schlanke Pfeilersäulen* mehr zu schweben scheinen, als daß sie auf dem Erdboden fußen. Sie verkörpern ein Meisterwerk arabischer Baukunst. Bedingt durch mehrfache Stadtbrände, 1127, 1167, 1200 und 1203, entstand der Bau über den Resten einer uralten Muttergotteskirche in mehreren Abschnitten. Nach 1422 wurde unter Hans von Burghausen der Hallenchor mit seiner einzigartigen Raumwirkung aufgerichtet.
Im Stil der Spätgotik ausgeführt, ist deren *vegetabilischer Charakter* in der gesuchten Anspielung auf die verschlossene Laube *eines Paradiesgartens* herausgestrichen.
Von Michael Pacher stammt der Hochaltar, der seine letzten Lebensjahre an dieses Werk verwendete. Seine Barockisierung nahm Johann Bernhard Fischer von Erlach (1710) vor, der nur die als Gnadenbild verehrte Marienfigur Pachers an ihrem Platz beließ. Dazu wurde dem romanisch-gotischen Kirchenschiff ein barocker Kapellenkranz eingefügt.
Bemerkenswert ist auch das südseitige Portal zur Franziskanerkirche mit seinem romanischen Figurenschmuck und Rankenwerk über dem Türsturz.
Der Weg führt am Wallistrakt vorbei, der nach der Schwester von Erzbischof Colloredo benannt ist und heute die Philosophische Fakultät der Universität Salzburg enthält, durch die Dombögen auf den Domplatz.

3 DIE MARIENSÄULE AUF DEM DOMPLATZ

1658–1663 errichtete Giovanni Antonio Dario die Dombögen, die ältere Holzkonstruktionen ersetzten und im Ergebnis jene vorbildhafte *Piazza salone* entstehen ließen, den allseitig umbauten rechteckigen Platz, wie dieser das künstlerische Raumkonzept Wolf

Dietrichs und seines architektonischen Beraters Vincenzo Scamozzi bestimmt hatte. – Die Stadt als Gefüge aus fünf *wohnlich* gegliederten Plätzen. Der Domplatz bildete dabei den krönenden Abschluß jener *Via triumphalis*, die durch Hofstallgasse und Franziskanergasse auf den Dom zuführte und diesen in den Rang eines monumentalen Empfangsraums der Residenz- und Fürstenstadt erhob.

Dem Denkmal der Immaculata, einer Mariensäule auf festen Postamenten mit allegorischen Figuren, 1771 von den Gebrüdern Johann Baptist und Wolfgang Hagenauer im Auftrag des Erzbischofs Sigmund Graf von Schrattenbach errichtet, kommt allein durch diese akzentuierte Örtlichkeit ein besonders aussagekräftiger Stellenwert zu. Die vier allegorischen Figuren auf den Postamenten geben das Geheimnis der unbefleckten Empfängnis wieder: Der Engel frohlockt, die Kirche triumphiert, die Weisheit schweigt, und der Teufel ist verzweifelt.

Diese zeichensetzende Handhabung von öffentlichem Raum kommt an einem weiteren architektonischen Kunstgriff zur Geltung: Über dem Mittelfenster des zweiten Domgeschoßes halten zwei Engel eine Krone, die unter illusionistischer Überwindung der räumlichen Distanz auf das Haupt Marias paßt und somit deren Krönung in Szene setzt. Damit wandelt sich, ganz im Sinn seiner barocken Erfinder, der Platz zur Bühne.

Zweifellos war diese Dramaturgie des Platzes schon während des Dombaus geplant, zur endgültigen Durchführung kam es erst durch die Hagenauers im späteren 18. Jahrhundert. Was zum Spielerischen dieses Vorgangs gut paßt, ist eine Liebesgeschichte in diesem Zusammenhang, die von der Raffinesse des Rokoko bestimmt ist.

ROSA HAGENAUER-BARDUCCI (1744–1786), Malerin

Als Johann Baptist Hagenauer am 27. Juni 1764 von einem längeren Studienaufenthalt in Italien heimkehrte, war er in Beglei-

tung seiner florentinischen Braut. Maria Rosa Barducci, 12 Jahre jünger als ihr Gemahl, eroberte die Hofkreise der Bischofsstadt mit Charme und verblüffte mit einem Beruf, der sie weit darüber hinaushob, bloß *irgendeine höhere Tochter* zu sein. Rosa Barducci war laut Trauungsprotokoll, die Hochzeitszeremonie fand im Dom statt, Hofmalerin.
Für Gerüchte sorgten die Umstände ihrer Übersiedlung von Florenz nach Salzburg, die nach Art einer romanesken Entführung vor sich gegangen sein soll. Unabhängigkeitsstreben und Selbstbewußtsein, das Rosa Barducci auch in Salzburg nicht ablegte, deuten freilich mehr in die Richtung einer *durchgebrannten* Tochter denn einer passiv Entführten. Die freilich lückenhaften Zeugnisse ihres Aufenthalts in Salzburg und in Wien, wohin das Ehepaar 1774 übersiedelte, vermitteln eine ebenso eigenständige wie um Konventionen unbekümmerte Persönlichkeit und Künstlerin. 1773 ist in einem Leopold-Mozart-Brief wieder von einem Skandal die Rede, den Madame Rosa provoziert habe, indem sie dem Genfer Uhrmacher de Laugier zwei ihm in Salzburg angefertigte und bereits bezahlte Porträts nicht ausfolgen wollte, da er die *Comißion ihr ein Stück eines gewissen Seidenzeugs zuzuschicken* nicht erfüllt hätte. Im September 1773 berichtet Leopold Mozart weiter, *Madame Rosa, die bey H. fliegel Hofvergolter wohnte; hat sich bequemmer gemacht und zu dem Thiermaler gezogen, der ihr natürlicher weis eine bequemmere und mehr unterhaltliche Wohnung geben kann, weil er ledigen Standes ist...*

Mariensäule auf dem Domplatz.

1774 übersiedelte das Künstlerpaar Hagenauer/Barducci für ständig nach Wien. Der Stadt Salzburg blieb eine Reihe ihrer Kunstwerke erhalten.
Die Statue der Immaculata auf dem Domplatz trägt die Gesichtszüge von Rosa Hagenauer-Barducci. – Ironie des Zufalls und biografischer Umstände, daß ausgerechnet diese unkonventionelle weibliche Künstlerpersönlichkeit der Gestalt der *Unbefleckten Empfängnis* ihre Gesichtszüge geliehen hat. Umgekehrt hat auch Rosa Hagenauer-Barducci ihrem Ehemann mit einem ganzfigurigen Porträtbild, das sich im Besitz des Salzburger Museums C. A. befindet, ein Denkmal gesetzt.

DER DOM

Er beherrscht mit kolossaler Größe die geistliche Mitte der Stadt. Frauenspuren sind in diesem Nabelpunkt katholischer Herrschaft erwartungsgemäß nicht zu finden. Das romanische Münster, der Vorgänger des barocken Doms, brannte 1598 nieder. Der Palladio-Schüler Vincenzo Scamozzi begann unter Wolf Dietrich mit dem Neubau, den Santino Solari vollendet hat. 1628 erfolgte die Einweihung. Eva König, eine Reisende des 18. Jahrhunderts und Braut Gotthold E. Lessings, die zur Bischofswahl im März 1772 in Salzburg weilte, schildert sie als ausgelassenes Volksfest.

Wer nur zum Lachen recht aufgelegt wäre… – Bischofswahl anno 1772:

Seit Montag ist man hier alle Tage mit der Wahl eines Erzbischofs beschäftigt. Keinem wollten so viele Stimmen zufallen, als er haben muß, um zu dieser Würde zu gelangen. Ich wünschte wohl, daß es ausginge, solange wir noch hier wären. Mir ist gesagt, wenn es ein gewisser Graf von Zeil würde, um den das ganze Land bittet, so würden sich alle Untertanen, Männer und Weiber, betrinken. Der mir dieses erzählte, erzählte sogleich: seine erste Frau habe er auf diese Art verloren. Wie der letztverstorbene Erzbischof gewählt worden sey, so hätte sie sich so sehr gefreut, und zugleich so sehr berauscht, daß sie darüber den Tod bekommen. „Nun, so sind Sie wohl nicht dafür, daß der Graf von Zeil erwählt würde, weil es Ihrer jetzigen Frau ebenso ergehen könnte, die für den Grafen so sehr eingenommen ist?" fragt' ich ihn. „Wie der liebe Gott will!" war alles, was er antwortete. Es scheint also, daß er es dem lieben Gott nicht übelnähme, wenn er ihm mit jedem neuen Erzbischof eine neue Frau bescherte. Wer nur zum Lachen recht aufgelegt wäre, fände hier Stoff genug dazu. Es ist eine ehrliche und brave Nation, aber auch eine ganz besondere Art von Leuten.

Ein weiterer Bogengang trennt den Domplatz festungsseitig vom Kapitelplatz, der von Dom, Dompropstei, erzbischöflichem Palais, Kapitelschwemme, Stiftsmühle, Kloster St. Peter und Friedhof eingefaßt wird.

4 KAPITELPLATZ – Kleine Episode zur Gräfin Leopoldine Firmian

Der Brunnen, ein Werk des Bildhauers Pfaffinger, zeigt Neptun, von Tritonen flankiert, vor einem kleinen Weiher. Ein im 12. Jahrhundert angelegter Kanal sorgte schon im Mittelalter für die Wasserzufuhr dieser ursprünglich als Pferdeschwemme angelegten Brunnenanlage. Seine Vollendung als monumentaler Barockbrunnen, der Wappen und Namen seines Erbauers, des Erzbischofs Leopold Anton Freiherrn von Firmian (1727–1744) im Giebel führt, fällt auf das Jahr 1732. Kein Freudenjahr für Salzburg. Damals wies dieser 32.000 seiner Untertanen, die sich zum Protestantismus bekannten, außer Landes. Die schleichende Verarmung, die das Land hernach bedrückte, war die Folge dieser ebenso unbedachten wie mitleidlosen Verfügung. Doch bleibt zu dieser Tragödie ein kleines familiäres Nachspiel zu ergänzen, bei dem eine Frau mit großzügiger Geste ein Stück Wiedergutmachung leistete: Im Februar 1881 verstarb in Wien die Witwe des italienischen Generalleutnants Cavaliere Salon de Recagni, eine geborene Gräfin Leopoldine Firmian, und sie bestimmte in ihrem Testament, daß der Gesamtertrag ihres Vermögens, etwa 3200 Francs jährlich, zu Stipendien von jeweils 100 Gulden für evangelische Waisenkinder eingesetzt werden sollten. Vorzugsweise für solche mit Abstammung aus dem

Salzburger Land, wie es in einem weiteren Paragraphen hieß, damit ein Teil der Schuld und Härte abgetragen werde, mit der ein Mitglied ihrer Familie im 18. Jahrhundert die der Reformation anhängenden Salzburger Familien in Verderben und Armut gejagt habe. Die Gräfin war übrigens von streng katholischem Glauben. An der südwestlichen Ecke des Kapitelplatzes, wo an der Stiftsmühle der Almkanal rauschend an den Tag tritt, liegt der Eingang in den Friedhof St. Peter.

5 DER FRIEDHOF ST. PETER (Rundgang) – Frauengeschichte unter alten Grabkreuzen

Schon beim Eintritt ist der Kontrast zum Draußen der Stadt dramatisch spürbar. Dieser Winkel der Altstadt, im efeuumwachsenen Schatten des Mönchsbergs gelegen, strömt mit seinen Katakomben, alten Kapellen und begrünten Gräbern eine himmlische Ruhe aus. Schon in römischer Zeit war hier eine Begräbnisstätte, doch das heutige Erscheinungsbild mit der charakteristischen Einfriedung durch Arkadengänge geht auf die Barockzeit und den Kunsthandwerker Christoph Gottsreiter zurück, aus dessen Hand auch die schönen Spiral- und Rautengitter (um 1626) stammen.

In den Gräbern unter den Lauben finden sich viele für die Geschichte der Stadt bedeutsame Namen. Der Friedhof hat sieben Kapellen, davon stehen drei, die Gertraudenkapelle, Katharinenkapelle und Margarethenkapelle unter weiblichem Patrozinium.

Neben dem Eingang zu den Katakomben wurde um 1170 die Kreuzkapelle im romanischen Stil erbaut und 1614 in frühbarocker Form erneuert. Die frei stehende Margarethenkapelle (1485–1491) soll über dem Grab des hl. Maximus errichtet sein und ist mit dem einschiffigen Kirchenraum mit Netzgewölbe eins der am reinsten erhaltenen gotischen Bauwerke Salzburgs. Sie wurde anstelle eines noch älteren Votivkirchleins, der Amanduskapelle aus der Zeit des hl. Rupert errichtet, der den Ort *Polyandrum*, also *Blumenreich* nannte. An der Außenwand befinden sich wertvolle Grabplastiken aus dem 15. Jahrhundert.

DIE STUMPFÖGGER GRÄBER UND DIE MÄR VOM SALZBURGER BLAUBART

Hart am Rand des Kieswegs und daher schnell ins Auge fallend, stehen der Katharinenkapelle gegenüber sechs verwitterte Eisenkreuze in eng gesteckter Reihe. Von dem siebten ragt nur ein kurzer Stumpf aus dem Steinsockel hervor. Dieser *Sonderfall* in der Gräberlandschaft von St. Peter, die sogenannten „Stumpfögger Gräber", haben ihren Namen nach der honorigen Steinmetzen- und Maurermeisterfamilie in Hofdiensten, die hier im 18. Jahrhundert ihre letzte Ruhestätte besaß. Sebastian Stumpfögger wurde zum Mittelpunkt einer stadtbekannten Gruselmär, die zu dem Bürgersmann und langjährigen Finanzverwalter des Franziskanerklosters nicht passen will. Aber Legenden halten sich häufig an die *Falschen*, die immer nur aus einem ganz besonderen Blickwinkel doch die *Richtigen* sind:

Sebastian Stumpfögger hatte sechs Ehefrauen, von denen ihn die letzte überlebte. Die anderen mußten ihm ins Grab vorausgehen, sobald er ihrer überdrüssig geworden war. Dann fatschte er sie wie ein Wickelkind, ließ nur die Fußsohlen frei und kitzelte sein wehrloses Opfer solange, bis es, schreiend vor Lachen, starb. Darauf löste er die Wickelbinden, holte wehklagend die Nachbarn und stellte diese vor die traurige Tatsache, eine rätselhafte Krankheit habe ihm schon wieder die Frau geraubt. Als sich die siebte Ehefrau aus ihren Wickelkindfatschen befreien konnte, sei die Untat dieses Salzburger Blaubart ruchbar geworden.

Die geschichtliche Wahrheit hält dem soweit stand, als der vielbeschäftigte Steinmetz und Maurermeister Sebastian Stumpfögger, der an der Ecke Kaigasse 1/Pfeiffergasse 2 ein ansehnliches Haus besaß, seine fünf ersten Frauen, offensichtlich durch deren zahlreiche Kindbetten, verlor. *A Kindlbetterin liegt auf da Friedhofsmauer!* heißt eine alpine Volksweisheit. Im Fall des Sebastian Stumpfögger hatten die 21 überlebenden Kinder möglicherweise etwas mehr als bloß den statistischen Tribut an Geburtensterblichkeit gefordert. Soweit der Hergang überliefert ist: Die erste Frau gebar 9 Kinder, was nach einer alsbaldigen Wiederverheiratung verlangte, als sie 1708 verstarb. Von den weiteren Ehefrauen kennen wir die Sterbejahre, 1717, 1721, 1725, 1733. Auf dem steinernen Epitaph im Friedhof sind die ersten vier Ehefrauen und zwei Kinder angeführt. Zusammen mit den urkundlich überlieferten Namen der zwei letzten Ehefrauen waren das: Maria Gertrud, geb. Gruber †1708; Maria Sünhuber †1717, Klara Hofer †1721; Anna Maria Schallmoser †1725; Anna Maria Egger †1733 und Maria Theresia Echinger †1760. Sie überlebte ihren Mann um elf Jahre. Mit einen Anstoß zu dieser Legendenbildung gab wohl das *Siebenweiberhaus* in der Steingasse 3 (siehe Route 3).

Durch die bergseitige Kommunegruft, wo Nannerl (Maria Anna) Mozart begraben liegt, erfolgt der Aufstieg in die Katakomben und zur Maximuskapelle.
Ein Torbogen führt in den Stiftshof mit der Kirche St. Peter, deren barocke Neugestaltung ab 1753 erfolgte. Darin sehenswert sind die Bilder von Caspar Memberger (*Kreuztragung Christi*, 1591) und des sog. Kremser Schmidt am Hochaltar sowie die Steinskulptur *Maria Säul*, eine mittelalterliche Kostbarkeit aus der Werksgruppe der *Schönen Madonnen*. Aufgestellt ist sie am linken Querhausaltar. Um 1420 entstanden, zeigt ihre spätgotische Erscheinung mit Reichsapfel, Szepter, Krone und Goldfassung zudem Attribute aus der Barockzeit.

Vom kapitelplatzseitigen Ausgang aus dem Friedhof St. Peter führt der Weg rechts zur Festungsgasse mit der Talstation der Festungsbahn.
Hier nehmen Spaziergänge auf den Mönchsberg, die Festung oder eben nach Nonnberg ihren Ausgang, sofern dies nicht durch die erste Raststation, die unter Kastanien in Terrassenform angelegten Biergärten des Stieglkellers, verhindert oder erheblich verzögert wird.

6 FESTUNGSGASSE ZUM HOHEN WEG – Stieglkeller oder Maiandacht?

Was soll ein Salzburger mit einem verregneten Sonntag anfangen? Entweder geht er zur

Femme de Brasseur. Ausschnitt Wandgemälde, Stiegl's Brauwelt.

Maiandacht oder in den Stieglkeller. Oder beides. (Hermann Bahr)
Und in beiden Fällen sind weibliche Traditionen im Spiel. Denn bis um 1800 war Bierbrauen ein Frauenberuf, Bierbräuinnen und Bierzapflerinnen tauchen in der Chronik der Stadt Salzburg wiederholte Male auf. Bis ins Mittelalter gehörte neben dem Spinnrad auch der Braukessel zur Mitgift. Nach der Hauschronik der 1492 gegründeten Stiegl-Brauerei nahm in jenem Jahr Margarethe Peuntner das Bräuhaus auf der Gstätten (Gstättengasse), Brauzeug, dazu Kleider und Hausrat in ihr Eigentum. Dieses wurde noch mehrmals in weiblicher Linie weitervererbt. Einige der Utensilien, die beim Bierbrauen in Verwendung standen, zeigt auch die eindrucksvolle Fassade des Stieglkellers in der Festungsgasse.
Früher wurde das Bier sehr jung, gerade nach einer Woche Lagerung, getrunken, während es heute für durchschnittlich mehrere Wochen auf Lager liegt. In Gebrauch standen dafür die Naturkeller, wie sie im Mönchsberg, Kapuzinerberg und in Kaltenhausen bis heute bestehen.
An der Wegkehre des Stieglkellers zweigt links der Hohe Weg ab. Entlang von Stützmauern, die in die Tiefe enger Höfe abfallen, führt der Weg hoch über der Dächerlandschaft der Altstadt zum Benediktinerinnenstift Nonnberg.

7 STIFT NONNBERG

In sonniger Südlage stand dort, wo der Blick weit über das Salzburger Becken bis ans Kalkgebirge schweift, das *Castrum superior* der ältesten Stadtgeschichte, eine herzogliche Fronburg. Innerhalb ihrer

Mauern entstand noch zu Ruperts Zeiten das Nonnenkloster zur hl. Maria, dessen erste Vorsteherin Arintrud/Erentrudis wie eine Heilige bestattet wurde. Das Kloster nahm ihren Namen an.
Ein Wächter des Klosterbezirks ist gleich zu Beginn des Weges auf der Stützmauer postiert, der *Nonnberger Hund*, ein romanischer Löwe aus Marmor. Einst bewachte er das Portal der Nonnberger Kirche. Damals hielt er noch einen Widder, das Symbol des besiegten Teufels in seinen Pranken. Doch der kam ihm irgendwie abhanden, und er selbst landete als Hüter des klösterlichen Grundbesitzes auf dem Hohen Weg.
Der Felsen geht in eine hohe Gartenmauer über, bevor der Weg in den Nonnberger Torbogen einmündet, über dem in einer Nische die Erentrudis-Statue steht, das Werk eines Holzbildhauers vom Ende des 15. Jahrhunderts.
Der Kirchhof des um 700 gegründeten Frauenstiftes genoß einst als kirchliche *Freyung* das Asylrecht, dies eine von vielen alten Traditionen, die sich im Stift überliefert haben. Zeit seines langen Bestehens umfaßten seine Mauern eine spirituelle wie auch politisch einflußreiche *Fraueninsel*, in deren Abgeschiedenheit sich alte Heilkunst, Apothekenwesen, Bildungsinitiativen, Kunst und Kunsthandwerk entwickelt haben.
Realiter waren freilich St. Peter und Domkapitel starke Mitregenten. Dies obwohl – oder auch weil – Nonnberg mit einiger politischen Einflußmöglichkeit ausgestattet, mit Sitz und Stimme in der *Landtafel* genannten politischen Ständeversammlung vertreten war.

ERENTRUDIS, Lebensdaten unbekannt, Gründungsfigur, Äbtissin, Heilige

Über das geschichtliche Leben Erentrudis gibt erst eine Vita vom Anfang des 14. Jahrhunderts Auskunft, die im Stil der Zeit Legende und historische Quellen gleichsetzt. Darin wird die hl Arintrud/Erentrudis als Mitglied des fränkisch-merowingischen Fürstengeschlechts bezeichnet, Rupert habe sie mit der Leitung des Frauenklosters am *nunberge* betraut.

Hl. Erentrudis. Portalfigur Kirche Nonnberg.

Ihr Felsengrab liegt in der Krypta der Abteikirche, ihre Reliquien werden in zwei Schreinen verwahrt, der Todestag am 30. Juni ist alljährlich ein festlicher Anlaß.

Erentrudis Haupt wider den Kopfschmerz:

30. Juni: Heunt wurde das festum Erentrudis als das Hauptfest deren Closterfrauen in Nunberg, Höchst feyerlich celebrirt, allwo der Abbt von S. Peter das Ambt haltet: Es gerueheten auch ihro Hochfürstlichen gnaden der Erzbischoff dahin sich zu verfügen um möß allda zu lesen; nach dem ambt setzet man das Haubt Erentrudis allen leythen auf den Kopf vor die Kopfschmerzen. Es ist dises Haubt in einen silber vergoldeten Brustuch eingemacht. Dessen heiliger Leib aber ligt unter dem Hochaltar in einer Capellen.

(Aus dem Tagebuch des Studenten F. Heinrich Pichler, Salzburg 1745–1748).

Der Befund ihres Sarkophags bestätigte das Bild, wie es sich die Legende ausgemalt hatte. Eine unversehrt erhaltene goldblonde Locke sowie der zierliche Knochenbau deuten auf die Erscheinung einer mädchenhaften, blonden Heiligen, die über den Trümmern Juvavums ihr Frauenkloster bezog. Zum Zeitpunkt ihres Todes war sie höchstens 55 Jahre alt.

Durch Jahrhunderte suchte die Salzburger Bevölkerung im Stift Nonnberg medizinische Hilfe. Die Anfänge dieser Heilkunst reichen angeblich auf Erentrudis zurück, die aus ihrer Heimat die Kenntnis von Heilkräutern und die Kunst der Arzneibereitung mitgebracht haben soll. Bereits 1307 ließ die damalige Äbtissin Margaretha I. im Nonntal, wo heute die Erhardkirche steht, ein Siechenhaus errichten. Das seit alters bestehende Apothekenwesen im Stift Nonnberg wurde zur Zeit Paris Lodrons, dessen Stiefmutter dort den Schleier genommen hatte, neu organisiert und großzügig erweitert. Nach einer Inventarliste von 1660 war die Ausstattung umfassend, mit Brennofen, Pressen, Mörsern und Retorten zur möglichst autonomen Herstellung aller benötigten Heilmittel und Arzneiwaren versehen.

Hilfsbedürftige machten sich durch Ziehen einer am Apothekenfenster angebrachten Schnur bemerkbar.

Einigen medizinischen Ruhm erwarb sich die 1719 verstorbene M. Anna Constantia von Reischnigg, die das Nonnberger Heilwesen zugleich als Oberapothekerin, Doktorin und Chirurgin betreute und sich zudem auf dem Gebiet der Alchemie versucht hat. In ihrem Nekrolog heißt es: *Hoch zu bedauern ist ihre respective eines Weibsbilds ungemein vortreffliche Apothekerkunst, dabei sie von Jahr zu Jahr sich mehrers perfektioniert, schöne Arcana theils erlernet, theils ersinnet, unter anderem ein kostbares Goldpulver gemacht und in solchem Ruhm und aestimation ihrer Kunst stand, daß Hoch und nieder persohnen bey ihr Rath eingeholet und Medicamente verlangt haben.*

Im 19. Jahrhundert, als Frauen wie nie zuvor auf Heim und Herd beschränkt wurden, verlor die Volksmedizin rasch an Bedeutung. Die medizinische Versorgung wurde in staatlich geprüfte Männerhände gelegt, die allenfalls mithelfende Frauenarme duldeten. Dies brachte auch für die Apotheke am Nonnberg das Ende. Im Stift wurden Medikamente vernichtet, Gerätschaften und Instrumente eingezogen, das Apothekenwesen behördlich überwacht und ein Verbot für das Aderlassen ausgesprochen.

Im Kloster Nonnberg

Sie hatten Äpfel eingelagert an jenem Tag,
dunkle Frau'n
mit herbstlich hellen Gesichtern.
Flügel aus Duft, verborgen in strengen Gewändern,
wehten über den Kellern des Schlafs so vieler Marien,
rosig eingebettet in Stroh, den Schoß voller Jesuleinkerne.
Jede Fliese und jeder Stein in der Mauer
atmete paradiesische Süße vom Apfelgeist Gottes.
Heimlich bereitet war schon Weihnacht, Ostern und Pfingsten
dort im Kreuzgang, mitten im grauen November.

Christine Busta (1915–1987)

SCHULE FÜR ARME DIENSTMÄDCHEN UND HÖHERE TÖCHTER

Bereits 1144 haben sich die Nonnen der Erziehung junger Mädchen gewidmet. – Eine natürliche Folge ihres privilegierten Umgangs mit der Schriftkultur und Illuminationskunst. Aus dieser selbstverständlichen Literaturkundigkeit ging Ende des 15. Jahrhunderts eine erste Chronistin, Praxedis Hallecker, hervor. *Ich Praxedis Halleckerin pin in das kloster kommen, da man zelt hat das 1499 jar.*, so beginnt ihr Tagebuch, das älteste im Besitz des Klosters. Erzbischof Colloredo (1772–1812), der den Nonnen sein Programm der Aufklärung vorschrieb, Spazierfahrten und Unterhaltungen verordnete, dafür das Chorgebet kürzte und den Aufnahmestopp verfügte, erwirkte beinahe die Aufhebung des Klosters. Auch die nachfolgende bayerische Herrschaft setzte dem Haben und Sein von Stift Nonnberg sehr enge Grenzen. Durch die Errichtung einer Erziehungsanstalt, Mädchenvolksschule und einer Anstalt für Verwahrloste, die zu Dienstmädchen herangezogen werden sollten, holte sich das Kloster manches von seiner verlorenen Bedeutung zurück.

Im Unterricht von damals saß eine einzigartige, später undenkbare soziale Mischung. Die Pensionatszöglinge, Töchter aus gutem Haus, hatten ihre Plätze im selben Klassenzimmer mit Mädchen der „Arme-Kinder-Anstalt" mit dem Erziehungsziel Dienstmagd. Dabei wurden die Standesgrenzen eingehalten, von Gleichbehandlung war nirgendwo die Rede.

Mit dem Reichsvolksschulgesetz von 1869 wurde die 8jährige staatliche Pflichtschule durchgesetzt, die Schule am Nonnberg verlor kurzfristig ihr Öffentlichkeitsrecht, erhielt aber schon kurz danach, 1871, den öffentlichen Status zurück und hat bis ins 20. Jahrhundert hinein den Schulbetrieb aufrechterhalten.

Auch Irma von Troll-Borostyáni (damals noch Marie von Troll), die später das Thema Frauenbildung zu einem Pfeiler ihrer feministischen Theorie machen sollte, wurde in ihrer Kindheit von den geistlichen Schwestern am Nonnberg unterrichtet. Gut bekommen ist ihr das nicht. Das lebhafte, starke Mädchen entzog sich psychosomatisierenderweise dem Schulunterricht und setzte nach Wiederherstellung seiner Körperkräfte seinen Bildungsweg autodidaktisch fort. – Aber wer weiß, ob nicht die Nonnbergische Schul-Apotheke-Gottes in Irma Troll eben

Kloster Nonnberg.

jenes „*Gegengift*" ausgebildet hat, das sie gegen die überkommene Produktion weiblicher Geistesarmut bewundernswert konsequent rebellieren ließ?

Einen günstigeren, wenn auch flüchtigen Eindruck vom klösterlichen Leben erhielt Anna Bahr-Mildenburg, die hier ihre Tante, Äbtissin des Stiftes, besuchte.

Die Äbtissin des Stiftes ist meine Tante und so fand ich auch Einlaß ins Innere des Klosters. Seit dreiundvierzig Jahren ist sie hier und in diesen ganzen dreiundvierzig Jahren hat sie die Mauern des Klosters nur dreimal verlassen. Ein solches Dasein konnte ich mir doch gar nicht recht vorstellen. Ich war neugierig, einem Menschen zu begegnen, der solcher Entsagung fähig ist, nach außen hin auf

alles verzichtet und nur in sich selbst das Leben sucht. Eine alte Pförtnerin führte mich in das Sprechzimmer. Es ist ein großer, fast leerer Raum, ein Gitter teilt ihn in zwei Hälften und richtet die Grenze zwischen Welt und Kloster auf. Jenseits des Gitters, schon drüben im Klostergebiet, stehen zwei Klaviere, diesseits einige Stühle für Besucher. An den Wänden hängen die Bilder der Äbtissinnen. Alle halten sie sich ganz steif und gerade, den ringgeschmückten Finger auf dem Buch, das Pastorale in der Hand. An der Brust trägt jede ein reichverziertes Kreuz, auf dem Kopf die große, edelsteinschwere Krone der Äbtissinnen. Zufrieden und kampflos sehen einige aus, nicht aufregend; weich und träumerisch blickt eine vor sich hin, fast bange könnte einem für sie werden, unter ihrer kostbaren Bürde. Strenge und abweisend stehen aber die meisten in dem fürstlichen Schmuck. Die lichte Welt drängt durch die Fenster herein, aber drinnen wehrt und widerstrebt ihr der harte, unergründliche Blick der starren, strengen Frauen, und so viel ich hinter diesen Augen forsche, so sehr ich in diesen eisigen Mienen herumspüre, sie geben von ihren Geheimnissen nichts her, die Augen stocken und der Mund schließt hart und schmal zusammen. Der Reihe nach ging ich sie durch und bei keiner konnte ich mir denken oder gar wünschen, daß meine Tante so aussehe, und zu keinem der feierlich starren Gesichter wollten mir deshalb auch die eiligen, leichten Schritte passen, die sich jetzt draußen von irgendwo näherten. Lebhaft ging die Türe auf, eine mittelgroße Frau kam schnell bis ans Gitter heran auf mich zu. Kluge, glänzende Augen nahmen mich in sich auf, wurden gütig und ein herzliches Lächeln machte sie ganz jung, ihnen folgten die Hände und umschlossen warm und kräftig die meinen und hießen so die Nichte willkommen. Im Augenblick waren die gemalten Äbtissinnen vergessen.
(Anna Bahr-Mildenburg, Erinnerungen)

DIE STIFTSKIRCHE

Die heutige Stiftskirche, durch Lage und Barockturm ein wichtiger Akzent im Salzburger Stadtbild, ist ein spätgoti-

scher Bau (1463–1507), der einem romanischen Unterbau aufgesetzt ist. Spitzbogige Arkaden, Mittelschiff und Seitenschiffe trennend, führen auf den erhöhten, durch drei Apsiden geschlossenen Chor. Die mittlere Apsis schmückt ein Glasfenster (1480), davor steht der gotische Hochaltar aus dem 16. Jahrhundert.
Dem Chor gegenüber tragen rote Marmormonolithe eine weit vorspringende Empore, den Nonnenchor.
Berühmt ist die Musikpflege des Stiftes, die sich in vergangenen Jahrhunderten auf Tafel- wie Kirchenmusik erstreckte. Heute füllt der weihnachtliche Chorgesang der Nonnen die Christmette mit zahlreichen Besuchern.
Unter dem Chor liegt das Gewölbe der Krypta, letzte Ruhestätte der hl. Erentrudis und anderer Äbtissinnen. Zwanzig Säulen tragen das zierliche Netzgewölbe. Der reiche Kirchenschatz des Klosters, darunter auch die Machtinsignien der Äbtissin, Pastorale und Faldistorium, sind nicht öffentlich zugänglich.
Von kunstgeschichtlicher Bedeutung ist auch das spätgotische Marmorportal. Darin eingesetzt ist das Relief aus dem Tympanon sowie ein Skulpturstreifen des Vorgängerportals. Kunstrichtungen des 12. und 15. Jahrhunderts berühren sich hier und schließen mit den reich geschnitzten gotischen Türflügeln und dem schönen Türklopfer, einem Werk von 1502, ab.
Auf der Rückkehr Richtung Stadt bietet sich nun der Blick auf die Dächer Salzburgs nach Nordwesten. Eine Steintreppe, die Nonnbergstiege, führt ins Kaiviertel hinab, von wo, linker Hand weiterführend, die Herrengasse bergseitig abzweigt, neben der Steingasse eine der am ursprünglichsten erhaltenen Häuserzeilen aus dem alten Salzburg.

8 DIE „GELÜSTIGEN FRÄULEIN“, Herrengasse

Als die Herrengasse 1376 erstmals urkundlich erwähnt wurde, hieß sie noch Hundsgasse. 1429 ist sie als Pfaffengasse belegt, und im 17. Jahrhundert, mit dem Zuzug von Domherren, stieg sie zur Herrengasse auf.
Wohl bedingt durch die abgesetzte Lage an der Stadtmauer geriet der Ort schon in mittelalterlicher Zeit ins Zwielicht der

Moral, wurde zur Unterkunft der *offenen oder unfertigen Frauen* oder *gelüstigen Fräulein*.
1400 und 1526 ist *ein haus (Nr. 28) gelegen in dem Kay hinter St. Nikola pey dem Fraunhaus zunächst an die huntsgassen* erwähnt, dazu noch ein *haus (Nr. 22) gelegen hinter St. Nikola ob des Fraunhaus hie in der Stat zenegst der huntsgassen*. 1647 wird es als Freimann- und Totengraberhaus geführt, was die soziale Randlage dieses Ortes weiter herausstreicht.
Die Stadtverwaltung ließ sich deswegen freilich nicht irremachen, auch von diesen Ausgestoßenen der Gesellschaft Steuer einzunehmen. 1548/49 ist *von den gemain Frawn* und *von dem gemain Haws* eine Zinsabgabe von vierteljährlich 3 Gulden, 2 Kreuzer belegt.
Die *gelüstigen Fräulein* teilten sich die Gasse nicht nur mit Domherren, sondern auch mit kleinbürgerlichem Gewerbe.
1687 ist in der Herrengasse 8 *Margaretha Waldherrin, Wittib, Bierzapflerin,* als Besitzerin eingetragen.

Die Rückkehr ins Altstadtzentrum erfolgt über den Kapitelplatz.

De gonz oaman Fraun – Ein kleiner Nachtrag.
Um die Wende vom 19. zum 20. Jahrhundert nahm infolge des Städtewachstums die weibliche Prostitution rasch zu, gleichzeitig erwachte unter Literaten wie Gesellschaftsveränderern das Bewußtsein um das soziale wie psychische Elend, das damit einherging.
In Salzburg wurden Bordelle in der Juden-, Döllerer- und Herrengasse eingerichtet. Auf dieses Wachstum haben zwei Randgestalten des Salzburger Kulturlebens auf je eigene Weise reagiert, die Kämpferin für Frauenrechte Irma von Troll-Borostyáni und der Dichter Georg Trakl. *Bald versunken in schweigende Schwermut, bald redend wie ein Buch*, so wurde in der Kulturwelt der Stadt kolportiert, sitze der junge Dichter Trakl häufig bei einer alten Hure, trinke mit dieser bedächtig eine Flasche Wein oder komme mit Freunden zum Kartenspiel.
Keine lauschige Sozialromantik, aber die Utopie eines gesellschaftlichen Wandels zugunsten der Frauen bewegte Irma von Troll-Borostyáni, die zum damaligen Zeitpunkt in Wien lebte, sich vom Leben

der Prostituierten nach persönlicher Anschauung ein Bild zu machen. *In Männerkleidern und von einem sicheren Freunde begleitet, besucht sie die prunkvollen Hallen des geschmückten Elends der Elendsten ihres Geschlechts, und ihr Herz erschauert in namenlosem Mitleid und in Grimm,* schrieb Hans Widmann über diese feministischen Exkursionen in Männerkleidung. Irma Troll setzte sich damit ihrerseits der Gefahr aus, von anständigen Leuten, wenn nicht gesteinigt, so doch beschimpft zu werden, hat aber mit „Die Mission unseres Jahrhunderts, eine Studie über die Frauenfrage", die drei Auflagen erlebte, auch viel Anerkennung für ihr kompromißloses, couragiertes Eintreten u. a. in der Frage der Prostitution erhalten. Die Moral ihrer Darstellung mag für moderne Begriffe ein bißchen hölzern wirken, das Temperamentvolle ihres Engagements ist aber nach wie vor überzeugend:

Die Prostitution ist kein notwendiges Übel
Es gibt Tausende von Frauenzimmern, die unter dem Banne der Prostitution liegen, welche ursprünglich einen reineren Sinn und bessere Eigenschaften besaßen, um gute Frauen zu werden, als so manche Tochter reicher Eltern. Was bleibt jenen Unglücklichen übrig, die keinen Erwerb, kein Obdach für ihr Haupt und keine Nahrung für ihren Magen haben? Wenn sie nicht stehlen wollen, so bleiben ihnen nur zwei Wege zur Wahl – Bettelei oder Prostitution.
(Irma von Troll-Borostyáni, Die Prostitution ist kein notwendiges Übel)

ROUTE 3

Frauenwelten zwischen Römerzeit und Zeitgeschichte

Linzergasse – Kapuzinerberg – Imbergstiege – Steingasse – Arenbergstraße – Bürglstein

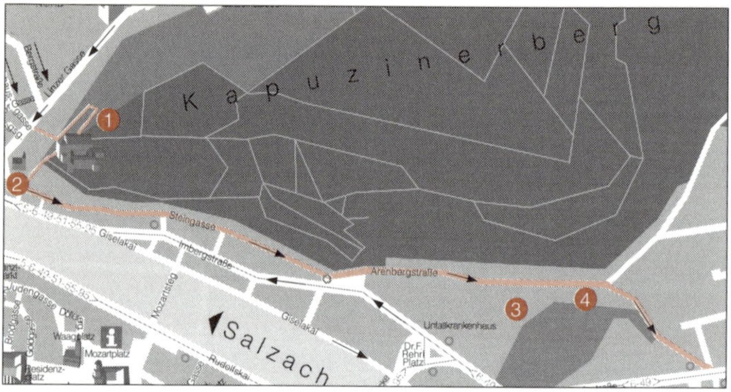

1 Paschingerschlößl „Villa Zweig“
2 Geburtshaus Joseph Mohr
3 Gräberfeld Bürglstein
4 Schloß Arenberg

Der Staatsbrückenkopf zum Platzl bildete seit der Zeit Wolf Dietrichs den Verkehrsknoten der Stadt. Drei Straßenzüge nahmen hier ihren Ausgang: Eine Verbindung nach Norden, durch das lange Moos ins Voralpenland, der Keim der heutigen Linzergasse, die sogenannte Bergheimerstraße und die älteste, ursprünglich einzige Zufahrtsstraße den Imberg (Kapuzinerberg) entlang nach Osten, die beengteste Verkehrsader der Stadt, in deren Pflasterung Spuren römischer Wagengeleise (Nr. 47) eingeschnitten sind.

Um 1300 entstanden hier erste gemauerte Häuser, den Imbergfelsen hinaufgestaffelt, auf dessen aussichtsreicher Höhe viel später, 1919, Stefan und Friderike Zweig das verwitterte, 1916 erworbene Paschingerschlößl bezogen.

Aber zurück in die Steingasse zwischen Flußbett und Felsen, wo Gewerbe mit akutem Bedarf an fließendem Wasser ihren Platz hatten. Hier standen und stehen noch die Häuser der Färber, Weißgerber, Barchentweber, Hafner und Töpfer, wo Frauen selbstverständlich ihre Mit- und meist Mehrarbeit leisteten. Die Rückseite der Häuser fiel direkt zur Salzach ab oder war an den Imbergfelsen angelehnt. Aus dieser Beengtheit entstanden als ein architektonisches Salzburg-Spezifikum die Laubengänge mit Arkadenbögen. Heute umfaßt diese winkelreiche Verkehrsader eine der Amüsiermeilen der Stadt.

Die Route beginnt am Anfang der Linzergasse, führt durch ein altes Stadttor auf den Kapuzinerberg zur ehemaligen Villa Zweig und von dort die Imbergstiege herab in die mittelalterlich verwinkelte Steingasse. Dort steht auf Nr. 9 das Geburtshaus von Joseph Mohr. Beim Thunschen Barockbrunnen, der Einhorn und Löwe, die Wappentiere der Stadt, im Tanz vereinigt, nimmt der Straßenzug bürgerliche Züge an. Die Arenbergstraße reicht bis zur vornehmen Schlößlgegend am Bürglstein. An diesem wohlhabenden, grünen Ausläufer der Stadt lag die Gartenlandschaft Roseneggers, eine touristische Attraktion um 1800, und steht noch Schloß Arenberg, der ehemalige Wohnsitz von Anna Bahr-Mildenburg und Hermann Bahr.

Die Route beginnt...

Beim Haus Linzergasse 14 ist ein altes Stadttor eingelassen, durch das ein *Prügelweg* steil und unverzüglich, vorbei an der Felixpforte (1632 erbaut) den Berg hinaufführt. Die Kreuzwegstationen bewahren den geistlichen Charakter dieses Aufgangs zum Kapuzinerkloster, das Erzbischof Wolf Dietrich 1594 anstelle des uralten Trompeterschlößchens errichten ließ. Auf dem *Kalvarienberg* bietet die Aussichtsterrasse eine einzigartige Panoramasicht nach der westlichen Ausdehnung der Stadt.

1 DAS PASCHINGERSCHLÖSSCHEN, EHEMALS „VILLA ZWEIG“, Kapuzinerberg 5

Im Rücken dieser Plattform, von Bäumen sowie einer Kreuzigungsgruppe verdeckt, liegt das Paschingerschlößl mit einem Anstrich aus Schönbrunnergelb, die einstige Villa von Stefan und Friderike Zweig, zugleich Endstation ihrer Ehe. Stefan Zweig: *Unser Haus auf dem Kapuzinerberg wurde ein europäisches Haus. Wer ist dort nicht zu Gast gewesen. … Mit wem haben wir dort nicht herzliche Stunden verbracht, von der Terrasse hinausblickend in die schöne und friedliche Landschaft, ohne zu ahnen, daß gerade gegenüber auf dem Berchtesgadener Berg der eine Mann saß, der all dies zerstören sollte?* Den Weg ins Londoner Exil trat der seinerzeit erfolgreichste Schriftsteller, Pazifist, Europagläubige, Gastgeber und Kulturaktivist bereits zusammen mit seiner zweiten Frau Lotte an.

FRIDERIKE VON WINTERNITZ (1882–1971), Schriftstellerin und Übersetzerin

Friderike von Winternitz, 1882 in Wien in jüdischer Familie geboren und später zum Katholizismus konvertiert, war Schriftstellerin, Ehefrau und Mutter zweier Töchter, als sie sich 1912 in Stefan Zweig verliebte und für diese Beziehung ihrem Leben eine radikale Wende gab. 1914 hatte sie den Roman „Der Ruf der Heimat" veröffentlicht, 1919 folgte „Vögelchen". Die Bekanntschaft mit dem *Großschriftsteller* Stefan Zweig sollte vorerst jede eigene literarische Tätigkeit zum Stillstand bringen. Friderike, die resolute, betuliche, kraftvolle, seelengute, wurde *Hüterin seines Geistes*, nach der Paradoxie der Liebe zugleich *Oberhaserl*, Kunstverständige und biederer Vorstand eines romantisch weitläufigen Hauses. Dieses versprach seinen Gästen einen Hauch von Überfluß und hatte zugleich mit bedrohlichen Mängeln zu kämpfen. Brennstoffe fehlten, Stockflecken wuchsen unter dem defekten Dach, der Haushalt war feudal aber ohne entsprechendes Personal.
Aus der Schriftstellerin wurde notgedrungen eine Kämpferin in Alltagsfragen, denn die Pflichten des Zusammenlebens gingen recht einseitig zu Lasten Friderikes. *Die Sicherheit im täglichen Leben zu schützen und Unruhe zu beschwichtigen, war nun ich da. Es mußte jedoch womöglich prophylaktisch vorgegangen*

Stefan Zweig und Friderike Zweig mit deren Töchtern auf der Terrasse des Paschingerschlößls.

werden. Ich sollte Hüterin seiner Welt sein und äußere Störungen von ihm abhalten. Das bedeutete, was allerdings nur selten offen ausgesprochen wurde, daß ich selbst keine eigene Welt, keine eigene Arbeit mehr haben durfte. Der Kreis war mir weit gezogen, doch in ihm sollte ich verbleiben. Die Kinder gehörten zur Schließung des Kreises, zur Befriedung und Sicherung durch die Familie.

Auf ihre letzten gemeinsamen Salzburgjahre datiert eine Begegnung von Friderike Zweig mit der Salzburg-Chronistin Johanna Schuchter, die nach Aufzeichnungen letzterer im Franz-Josefs-Bad (heute Volksgartenbad) miteinander ins Gespräch gekommen waren: *An einem glutheißen Tag traf ich dort einmal Stefan Zweigs Frau. Nach der wunderbaren Erfrischung des Schwimmens sonnten wir uns beide auf den warmen Brettern. Im Laufe unseres Gespräches richtete Frau Zweig plötzlich die überraschende Frage an mich, ob ich ihr nicht einen Käufer für ihr Haus nennen könnte. „Wie" sagte ich, „für Ihr Haus? Sie werden doch nicht Ihr schönes Haus am Kapuzinerberg verkaufen!?" Sie erwiderte nun sehr ernst: „Ja, doch. Mein Mann will von Salzburg nichts mehr wissen. Er wird auch gar nicht mehr hierher zurückkommen." (Er befand sich damals in der Schweiz.) „Er ist überzeugt, daß auch Österreich Hitler zum Opfer fallen wird." Als sie dies sagte, umwölkte sich plötzlich der blaue Himmel. Ein unheimliches Schweigen stand um uns. Ich blieb einige Sekunden nachdenklich, dann sagte ich, daß ich im Augenblick niemand wüßte, mich aber umhören wollte. Als wir uns trennten, fiel mir eine Gegenfrage ein: ob sie Festspielgäste kenne, denen wir unsere umgebaute Wohnung vermieten könnten. Sie erwiderte gleichfalls: „Im Augenblick niemand."*

1934 ging Stefan Zweig zusammen mit seiner Privatsekretärin Lotte Altmann ins Exil nach London. Friderike blieb mit ihren zwei Töchtern bis 1938 in Salzburg, wo sie die Auflösung des gemeinsamen Haushalts organisierte. Erst im französischen Exil und dann in den USA nahm sie ihre eigene literarische Tätigkeit, Schreiben und Übersetzen, wieder auf. Sie starb 1971 in Stamford/Connecticut.

Wer eine Stunde Zeit erübrigt, kann von hier, zwischen Zweig-Villa und Kapuzinerkloster bergan steigend, eine Wanderung durch den Buchenwald des Kapuzinerbergs antreten, der schon nach wenigen Schritten idyllische Waldeinsamkeit gewährt. Der Berg gibt mehrere Wege zur Auswahl, die immer wieder zu Befestigungen aus der Zeit von Erzbischof Paris Lodron führen, bis man auf der Höhe des Berges das Franzisci-Schlößl erreicht.
Die Rückkehr in die Stadt erfolgt idealerweise über die Imbergstiege, beginnend am linken Rand der Aussichtsplattform. Tief unten erstrecken sich Fluß und Stadt; über Stufen und Kehren, vorbei am St. Johanniskirchlein auf dem Imberg, bis Anfang des 15. Jahrhunderts die einzige Kirche *enthalb Ach* (drüber der Salzach), geht es in steiler Neigung abwärts in die mittelalterlichen Winkel der Steingasse.
Gleich das Eckhaus, Steingasse 9, trägt eine Gedenktafel für den Schöpfer des „*Stille Nacht*"-Liedes, Joseph Mohr (1792–1848), der hier am 11. Dezember 1792 in einem Frauenhaushalt der Salzburger Unterschicht geboren wurde.

2 GEBURTSHAUS JOSEPH MOHR – EIN FRAUENHAUSHALT DER UNTERSCHICHT, Steingasse 9

Joseph Mohr war nicht das erste ledige Kind der Strickerin Anna Schoiberin (1758–1827), sondern bloß *noch eins*, das Leumund und Haushalt belastete. Maria Schoiberin, die Großmutter, hatte 1767, mit dem Tod ihres Mannes Anton Schoiber, Salzamtsschreiber und Salzeinnehmer in Hallein, auch den Ernährer der Familie verloren und war in Not gera-

ten. Sie verzog nach Salzburg, brachte sich und die Tochter mit Stricken durch und nahm dazu entgeltliche Bettgeher in ihre enge Steingassenbehausung auf.
Es gab zu jener Zeit noch kaum fabriksmäßig hergestellte Konfektionsware, die vorhandene textile Hausindustrie wurde von Frauen der proletarischen Unterschicht ausgeübt. Die handgestrickten Stücke wanderten zum Strumpfwirker Laubacher in der Pfeifergasse 9, oder sie waren von Kunden direkt bestellt.
Eine ordentliche Eheschliessung, für die das Erzbistum Salzburg ohnedies eine Reihe von Hindernissen und Ausschließungsgründen kannte, war unter diesen Lebensbedingungen ausgeschlossen. Kinder kamen trotzdem, verschärften die Not und setzten ihre ledigen Mütter sozialer Ächtung aus. Auch Anna Schoiberin büßte ihr *fleischliches Verbrechen* mit der Eintragung ins Fornifikationsprotokoll und einer Geldstrafe von 9 Gulden. Ein Betrag, für den sie ein Stück Rind bekommen hätte. Aber sie fand in ihrer Misere einen bewährten Anwalt der Armen.

Blick in die Steingasse, links Geburtshaus Joseph Mohr, Bleistiftzeichnung von Carl von Frey (?), zwischen 1886–1896.

Der Scharfrichter Franz Joseph Wohlmuth linderte sein soziales Außenseitertum seit Jahren mit karitativer Großzügigkeit, erlegte auch in diesem Fall die Geldstrafe und bot sich zudem als Patenonkel an. Bei der Taufe des Säuglings Josef Mohr wurde er freilich durch eine Frau, Franziska Zachin, vertreten. Vielleicht war dem Henker der Zutritt in die Kirche untersagt, oder dieser betrachtete seine zahlreichen Patenschaften für Unglückswürmer als

Routinesache, die keinen persönlichen Einsatz erfordern durften.
Der kleine Josef Mohr hatte, im Unterschied zu seiner Mutter und Großmutter, einen besseren Stern auf seinem Lebensweg. – Einer weiblichen Biografie hätte dieser nicht leuchten können.
Denn nur einer musikalischen Begabung männlichen Geschlechts stand der Chor des Domkapitels und in Folge davon eine kirchliche Laufbahn offen. Der illegitime Sprößling einer armen Strickerin und eines entlaufenen Lungauer Wachsoldaten, an dessen Wiege der Henker Pate gestanden hatte, wurde Priester und schließlich Dichter des Liedes „Stille Nacht, heilige Nacht".

FRAUENSPUREN

Die Steingasse 3 ist mit mehrfachen Eintragungen, 1482, 1492, 1504, als „Siebenweiberhaus" erwähnt und bildete einen der Ursprünge für die Legende eines Salzburger Blaubarts. Inhaber war der Schuster Jakob Siebenweiber. Weiteres siehe Route 2 (6 Friedhof St. Peter).
Für das Haus am Platzl 5/ Steingasse 2 vermerkt die Chronik: 1442 *Margareth die Wechslerin*. Auch für die Steingasse 8 liegt eine ähnlich lautende Eintragung vor: *Jakob Zeyringer, dessen Tochter Anna, die Wechslerin,* was auf Bankgeschäfte hinweist.
Durch das innere Steintor (Nr. 23), dessen schiefe Guckfenster an den Torwächter erinnern, der hier aufgestellt blieb, als lange kein Wehrgraben und keine Zugbrücke mehr die Pforte sicherten, führt die Gasse an den traditionsreichen Hafnerhäusern (Nr. 67, 69) vorbei in Richtung Arenberg, womit der bürgerliche Teil dieses Straßenzuges beginnt.
Die Arenbergstraße zieht sich in leichtem Anstieg Richtung Bürglstein und Elsenheim, für dessen Areal in mittelalterlicher Zeit zwei weibliche Eigentümerinnen aufscheinen. 1434 ist die reichbegüterte Afra von Weißpriach, eine nahe Verwandte von Erzbischof Burkard, als Eigentümerin von *Kalchgrub und Kendel bei Pirglen* erwähnt. 1442 folgte Regina die Haunspergerin. Der Ortsname Pyrgla ist seit etwa 1200 beglaubigt und enthält das keltische Wort

byrgl, birgl für Hügel und Grabhügel. Hier, am östlichen Stadtrand entlang der uralten Ausfallsstraße lag der Totenacker der keltischen und römerzeitlichen Bevölkerung, deren Gräber zum Zeitpunkt ihrer archäologischen Entdeckung in den neunziger Jahren des 18. Jahrhunderts einen wahren Salzburg-Boom ausgelöst haben.

3 VENUS-STATUEN UND MUTTERGOTTHEITEN AUS DEM GRÄBERFELD BÜRGLSTEIN, Arenbergstraße 8–10

1695 erwarb Erzbischof Johann Ernst Graf Thun das Schlößl, und Erzbischof Leopold Freiherr von Firmian errichtete 1730 die Gloriette auf dem etwas versteckt hinter dem Schloßpark gelegenen Hügel. 1791 ging das Gebäude in den Besitz des Kunstgärtners Josef Rosenegger über. Im Hinblick auf die erwachte Landschaftsbegeisterung, die den Aigner Park zu einem einzigartigen Anziehungspunkt für Künstler und aristokratische Schönheitssucher gemacht hatte, legte er hier einen botanischen Garten an, der *alles übertreffen sollte.* Tatsächlich fand dieser großen

Venus und Mater. Terracottafiguren aus dem Gräberfeld Bürglstein.

Anklang und wurde ein vielbesuchtes Ausflugsziel. Als bei gärtnerischen Erdbewegungen eine größere Zahl Römerfunde ans Tageslicht kam, wurde der Bürglstein zudem ein Anziehungspunkt für Geschichtsinteressierte. Figuren aus gebranntem Ton sowie Gefäße für Salböle und Duftstoffe bezeugten den Alltag einer Kultur vor dem Christentum, die Jenseitsglauben und ausgeprägtes Körperbewußtsein miteinander verbunden hat. Eine weitere Überraschung dieses Gräberfeldes, das heute zum größeren Teil vom Unfallkrankenhaus verbaut ist, bereiteten zahlreiche

weibliche Statuetten in der Funktion wohlgesinnter Wegbegleiterinnen ins Jenseits. – Venusfiguren, Matronen mit Säuglingen an ihren Brüsten und Göttinnen mit Menschengruppen unter ihrem Schutzmantel.
Diese aus dem 1. und 2. Jahrhundert n. Chr. stammenden Terrakotten gewährten Einblick in die private Glaubenswelt der Antike. Sie bezeugten, wie sich neben der staatlich verehrten kapitolinischen Trias Jupiter, Juno und Minerva Kulte des kleinen Alltags erhalten haben, die ein unbedingtes Festhalten an den *Müttern*, weiblichen Gottheiten des Lebens, dokumentieren. Heute befinden sich die Funde in den Staatlichen Antikensammlungen in München sowie im Salzburger Museum Carolino Augusteum.
1814 zerstörte ein Brand Schloß Arenberg fast zur Gänze, mit verwüstet wurde damals die Gartenanlage Josef Roseneggers. Erst 1861 entstand das Schloß in seiner heutigen Form durch Verbindung zweier bestehenden Anwesen, die Prinzessin Sophie von Arenberg (1811–1901) erworben hatte. Diese Dame trat in der kunstsinnigen feinen Gesellschaft von damals mit einer umfangreichen Lyrikproduktion hervor. Sie ist heute, nicht ganz zum Nachteil dieses Oeuvres, längst vergessen. Anekdoten zum „Dichterhof", den die Prinzessin auf Schloß Arenberg geführt habe, haben jedoch allenfalls gesellschaftlichen Stellenwert.
Vom Schloßpark führt ein kurzer Weg auf den Bürglstein, einst der höchstgelegene Teil des kelto-römischen Grabfeldes. Ein zweiter Zugang liegt an der Bürglsteinstraße.

4 SCHLOSS ARENBERG – ANNA BAHR-MILDENBURG UND HERMANN BAHR, Arenbergstraße 8–10

Zu einem lebhaft frequentierten Mittelpunkt des Kunstgeschehens während der Gründerjahre der Salzburger Festspiele wurde Schloß Arenberg als Wohnsitz der großen Sängerin Anna Bahr-Mildenburg und des Schriftstellers Hermann Bahr. Sie zogen, seit 1909 verehelicht, 1912 ins idyllisch kleinstädtische Salzburg, wo sie im ersten Stock dieses weitläufigen Landschlößchens den Mitteltrakt bewohnten.

ANNA MILDENBURG (1872–1947), Sängerin

Anna Mildenburg, in Wien geboren, gefeiertes Mitglied der Hofoper, wurde für ihre Auftritte als Wagnersängerin berühmt. Sie hat während ihrer Karriere in allen großen Städten Europas gastiert. 1908 hatte ihre Stimme den Kritiker Richard Specht zu hymnischen Worten in „Die Schaubühne" veranlaßt: *Erster Eindruck: Überlebensgröße. So schreiten keine ird'schen Weiber. Und singen nicht so.*

Der zweite Eindruck: Eine unerhört starke, aus wild bezwungenem Weh und hinreißenden Freuden gewonnene Menschlichkeit. Jeder Ton ein Naturlaut. Jede Gebärde von Erlebnis beladen.

Ihr Engagement in Wien endete 1917.

Hermann Bahr, Schriftsteller, Theaterkritiker, Secessionist, Kommunikationsstratege des Wiener Kunstbetriebs und Festspielgründer, ließ sich als mehrfacher *Rückkehrer* in Salzburg nieder. Er hatte hier die Schule besucht und kam nun, auf der Suche nach seinen katholischen Wurzeln und anderen, für ihn lebenswerten Traditionen, in die Stadt seiner Jugendjahre zurück. Von schwerer Krankheit geschwächt, stellte er auf langen Wanderungen durch die Salzburger Landschaft seine verlorene Körperkraft wieder her.

Anna Bahr-Mildenburg, für Bühnenengagements vielfach von Salzburg abwesend, war

Anna Bahr-Mildenburg in der Rolle der Frau Welt im „Großen Salzburger Welttheater".

1922–1927 für die Festspiele verpflichtet, wo sie u. a. als „Frau Welt" in Hugo von Hofmannsthals „Großes Salzburger Welttheater" auftrat.
1922 nahm sie an der Akademie für Tonkunst in München eine Unterrichtstätigkeit auf, was ihre Übersiedlung erforderlich machte. 1929 leitete sie in Salzburg eine Klasse der Internationalen Sommerakademie Mozarteum. 1947 verstarb sie in Wien.
An der Straßenseite des Schlosses erinnert eine Gedenktafel an die Jahre 1912–1922, als Hermann Bahr und Anna Bahr-Mildenburg als aktive Teilhaber an der Gründung der Salzburger Festspiele hier sieben Zimmer mit Nebenräumen bewohnten. Die Inschrift hat die weibliche Hälfte dieser Geschichte ganz einfach ausgespart, erst durch die „Frauenspuren"-Tafel wurde sie sichtbar gemacht.

Die Rückkehr in die Stadt erfolgt am besten mit dem Obus (Linien 6 und 49), Haltestelle Volksgartenbad.

ROUTE 4

Randfiguren und Außenseiterinnen im Salzburger Stadtleben

Platzl – Linzergasse – St. Sebastian – Wolf-Dietrich-Straße – Paracelsusstraße – Dreifaltigkeitsgasse – Bergstraße – Linzergasse

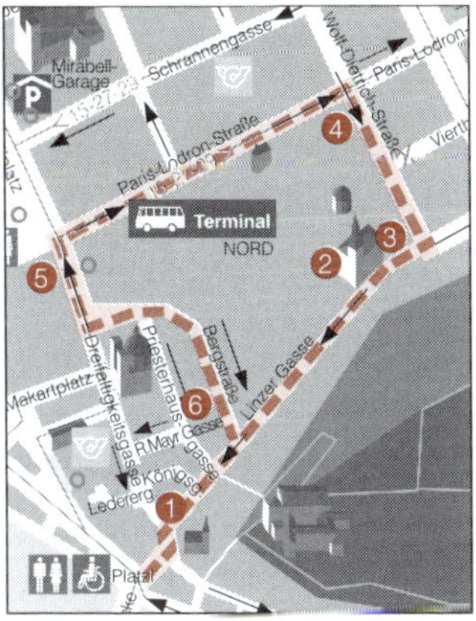

1 **Wohnhaus Paracelsus**
2 **Sebastiansfriedhof**
3 **Hebammenschule**
4 **Hexenturm**
5 **Paris Lodronscher Primogeniturpalast/Hochschule Mozarteum**
6 **Kartenmalerhaus**

Das Umfeld dieser alten Verkehrsader nach Norden, wo sich Herbergen, Gasthäuser, Lohnkutscher und Fuhrleute zusammen mit Handwerkern und Geschäften ansiedelten, hat in mehreren städtebaulichen Schüben sein aktuelles Erscheinungsbild angenommen. Einst vom hl. Rupert als *juvavische Moorlandschaft* übernommen, vergingen Jahrhunderte, bis Erzbischof Paris Lodron zusammen mit der Stadtbefestigung 1632–1644 auch die endgültige Trockenlegung des *langen Mooses* veranlaßte. Dessen Unergründlichkeit hatte der Stadt in periodischen Schüben die Pest beschert. Bastionen und Bollwerke wurden auf dem trockengelegten Land errichtet. Bald folgte die erste Stadterweiterung jenseits der Mauer; die Stadt kam ins Wachsen. Um die Mitte des 19. Jahrhunderts, als auf kaiserlichen Erlaß

hin die Stadt Salzburg aus der Liste der befestigten, militärisch bedeutsamen Plätze gestrichen wurde, litt besonders dieses Viertel unter der Lust, Befestigungen zu schleifen. Das Eisenbahnzeitalter brachte den Charakter eines gründerzeitlichen Cottageviertels nach dem Vorbild europäischer Großstädte.
Die weibliche Spurensuche dieser Route soll Stationen berühren, die von randständigen Frauen und Außenseiterinnen in der Geschichte der Stadt erzählen. Sie nimmt beim mutmaßlichen Wohnhaus von Paracelsus, Linzergasse 3, ihren Ausgang und führt weiter über die erste Hebammenschule und den Sebastiansfriedhof. Sie berührt dann den einstigen Hexenturm und die Wohnung der *Hundsgräfin* in der heutigen Hochschule Mozarteum, damals Paris Lodronscher Primogeniturpalast, und sie endet beim Kartenmalerhaus in der Bergstraße, wo Frauen an der kunsthandwerklichen Herstellung von Spielkarten beteiligt waren.

Die Route beginnt...

1 WOHNHAUS PARACELSUS, Linzergasse 3 – Kräuterkundiger, Alchemist, Schüler der weisen Frauen

Das Jahr 1524 führte diesen Undurchsichtigen und Vielschichtigen, hinter dessen nomadenhafter Unruhe eine weibliche oder wenigstens transsexuelle Identität und entsprechende Krisen vermutet wurden, nach Salzburg, das Lebensstation und schließlich Sterbeort wurde. Die Häuser Linzergasse 3 und Kaigasse 10 bewahren sein Andenken. Gewirkt hat er in der Stadt nicht nur als Arzt, wohl in Verbindung mit dem Rapplbad in der Pfeifergasse 9, wo am Haus eine Gedenktafel angebracht ist, sondern dazu als Sympathisant und Aktivist der bäuerlichen Erhebung und Reformation. In seinen eigenen Schriften bekannte er sich dazu, *mit gemeinen Leuten in Tavernen, Krügen und Wirtshäusern gegen kirchliche Einrichtungen polemisiert und die Bauern widerspenstig* gemacht zu haben.
Als in der Stadtbevölkerung ein Aufstand losbrach, dessen Anstiftung Paracelsus zur Last gelegt werden konnte, flüchtete er panikartig, unter

Paracelsus-Denkmal, Kupferstich verlegt nach 1802 bei Benedikt Nocker.

Zurücklassung seiner Kleider, Bücher und medizinischen Gerätschaften. Erst nach dem Ableben von Erzbischof Matthäus Lang (1540) kehrte er, selbst von schwerer Krankheit gezeichnet, nach Salzburg zurück, wo er am 21. September 1541 sein Testament aufsetzte und wenige Tage danach verstarb.

1752 wurde ihm das pompöse Grabmal im Durchgang von der Sebastianskirche in den Friedhof errichtet. Die nachfolgende Aufklärung hat ihn auf die schwarze Liste der alchemistischen Schwindler gesetzt und erst das 19. Jahrhundert befreite ihn von dem Brimborium der Titel, der Gerüchte und Legenden, um den guten Kern in ihm neu zu entdecken – Den Ganzheitsmediziner und Kräuterkundigen, Pionier der chemischen Arzneimittelkunde, der das Heilwissen der weisen Frauen weitergab und nach dem das Salzburger Kurhaus seinen Namen hat.

Nahezu kultischen Umfang erreichte die Paracelsusverehrung in romantischer und biedermeierlicher Zeit. Als der Landschaftsmaler Wolfgang Menzel 1831 das choleraverseuchte Wien verließ, um in Salzburg noch einmal den Blick auf die Alpen zu genießen, überraschte ihn am Paracelsus Denkmal im Friedhof von St. Sebastian eine rührende Szene: *die Seitenkapelle voll knieender Menschen, die vor einem Grabstein und Bilde, wie vor einem Altar und Heili genbild um Abwendung der Cholera beteten.*

Gegen Ende der Linzergasse

liegt linker Hand die Sebastianskirche mit einem Durchgang (Paracelsus-Denkmal) in einen der schönsten Friedhöfe der Stadt.

2 DER SEBASTIANSFRIEDHOF – Ein alpiner Campo Santo

Andrea Bertoleto aus Como hat diesen erstaunlichen Gottesacker um 1600 im Stil italienischer Campi santi angelegt. Über die Mauern blicken die Türme des nahen Loreto Klosters, das von Klarissen-Schwestern mit einem besonderen Armutsgelübde bewohnt wird. 88 Gruftlauben oder Arkaden umziehen den Totenacker, wo neben sehr eindrucksvollen Zeugnissen sakraler Kleinkunst auch eine Menge zu Herzen gehender Kitsch zu betrachten ist.
Die Anlage ist um den Renaissancebau der Gabrielskapelle, die Gruft Wolf Dietrichs zentriert, der hier gegen seinen erklärten Wunsch nach einem schlichten Begräbnis, am 19. Jänner 1617 mit fürstlichem *Pomp funebre* beerdigt wurde. Ob Salome Alt und Kinder mit im Trauerzug waren, ist nicht bekannt.
In unmittelbarer Nachbarschaft liegen die schlichten Mozartgräber, die letzten Ruhestätten für Leopold Mozart (†1787), Constanze Mozart (†1842) und ihren zweiten Gatten, den königl. dänischen Legationsrat Georg Nikolaus von Nissen (†1826). Zur Familie Mozart siehe auch Route 1.
In unmittelbarer Nachbarschaft, wiewohl heute nicht mehr exakt lokalisierbar, wurde Ende des 18. Jahrhunderts eine Hebammenschule gegründet.

3 DIE HEBAMMENSCHULE BEI ST. SEBASTIAN, Linzergasse

Als 1792 die Hebammenschule in dem *neuen Tollhaus zu St. Sebastian* ihre Tätigkeit aufnahm, wurde damit weibliche Geburtshilfe männlichem Medizinerwissen unterstellt. Seit dem 13. Jahrhundert war die Hebamme als Berufsgruppe faßbar, indem ihr ein theologisches Recht zukam, die Erteilung der Nottaufe. Alles übrige war eine von Schamgefühl abgeschottete Insel – ausschließlich Frauensache. Nach medizinischer Qualifikation fragte keiner. Zu stark war der Mythos der Geburt, der die Frauen zusammenschloß.
Die auf Kontrolle und männ-

lich rationale Lenkung bedachte Aufklärung sollte dies ändern. Die Geburtshilfekunde wurde zum Erwartungsland der niedergelassenen Ärzte. Um 1760 erhob man in Salzburg erstmals Zahl und Ausbildungsstand der Hebammen und kam dabei auf über 200 Frauen, die in der Mehrheit ohne medizinische Prüfung Geburtshilfe leisteten und ihre Vertrauensstellung als Hebammen durch mütterliche Überlieferung und eigene Erfahrung erworben hatten. Dieser *Wildwuchs* geriet nun unter bürokratische und wissenschaftliche Aufsicht.
Der Unterricht war ursprünglich im Kollegiengebäude der Universität geplant. Mit Rücksicht darauf, daß es *nicht anständig und schicklich* wäre, daß die Hebammenschülerinnen mit den Studenten dieselben Eingänge benutzten, ersann man eine Alternative und fand diese in einem *schönen, großen Zimmer in dem neuen Tollhaus zu St. Sebastian, welches ohnedem der gnädigsten Absicht gemäßt nunmehr zu einem künftigen Gebährhaus bestimmt wird.*
Die Festschreibung von Schwangerschaft und Geburt als Krankheit war üblich, eine Gebärstation im Irrenhaus von St. Sebastian blieb den Salzburgerinnen aber doch erspart. Bis zum Ende des Erzstifts im Jahr 1803 gingen 87 Absolventinnen aus dem Hebammenkurs hervor. Die traditionellen Hebammen, die ihr Wissen aus den ungefaßten Quellen weiblicher Überlieferung bezogen, wurden deswegen noch lange nicht unentbehrlich, aber langsam unerwünscht.

DIE HEBAMME GEYERINN UND DIE KUTSCHERSFRAU KURZINN – EIN MEDIZINERSTREIT

Eine dieser Absolventinnen, die Hebamme Geyerinn, ist durch den historischen Glücksfall eines „Hebammenskandals" sogar persönlich faßbar. *Magdalena Geyerinn, eine bisher wegen ihres Fleißes und ihrer Geschicklichkeit in der Stadt rühmlichst bekannte Hebamme* war beschuldigt worden, an *einer armen Wöchnerinn einen Mord verübet* zu haben. Soweit die Anschuldigung eines Dr. Steinhauser, dem sich der Mozart-Freund Dr. Josef Barisani als Retter der beschul-

digten Hebamme entgegenstellte.
Hier erhielt die erstrebte wissenschaftliche Observanz über die weibliche Geburtshilfe einen publizistisch breit aufgemachten Modellfall, indem der Zeitungsmacher und Aufklärer Lorenz Hübner für entsprechende Öffentlichkeit sorgte. Dahinter steckte zweifellos ein unter Männern ausgetragener Medizin- und Schulstreit. Die Hebamme Geyerinn sowie die Familie der verstorbenen Kutschersfrau, der angeblich die Nachgeburt zu früh und gewaltsam entfernt worden war, waren den Interessen, die hier ausagiert wurden, mit Sicherheit nicht gewachsen.
Die zweifellos edlere, die Heldenrolle bei diesem Verfahren nahm der Arzt Dr. Josef Barisani ein. Er griff für die Rehabilitierung der beschuldigten Hebamme (und Absolventin der Hebammenschule) zur Feder und veröffentlichte eine längere Abhandlung „Meine Antwort zur Rettung der verläumdeten Hebamme, und zur Bekehrung eines medicinischen Sünders" , erschienen in Salzburg, März 1798. Hervorzukehren bleibt die Zivilcourage der verklagten Geyerinn, die zu ihrer öffentlichen Ehrenrettung von dem Angebot Lorenz Hübners Gebrauch machte, ihre Sichtweise in dem „Salzburger Intelligenzblatt" darzulegen.
Mit der links abzweigenden Wolf-Dietrich-Straße setzt die Route im gründerzeitlichen Teil der Neustadt fort. An der Ecke Paris-Lodron-Straße, wo heute eine chemische Reinigung untergebracht ist, stand bis 1944, dem Jahr der Bomben, der Hexenturm. Er ersetzte seinerzeit das Hochgericht, das hier, am moorigen Nordrand der Stadt bis 1599 seinen Platz gehabt hatte, als es Wolf Dietrich samt Galgen, Rad, Richtblock und Drosselpfahl ins Nonntal verlegte.

4 DER HEXENTURM, Ecke Wolf-Dietrich-Straße/ Paris-Lodron-Straße

Der Boden Salzburgs war auf Hexenprozesse bestens vorbereitet. In den achtziger und neunziger Jahren des 15. Jahrhunderts hatte der berüchtigte Dominikaner Heinrich Institoris als Lehrer der Theologie und Domprediger hier gewirkt.
Er hatte Papst Innozenz VIII. zur Herausgabe der berüchtigten *Hexenbulle* veranlaßt.

Zusammen mit seinem Ordenskollegen Sprenger verfaßte er den „Hexenhammer“, die maßgebliche theoretische Anleitung für die Hexenverfolgung des 16. und 17. Jahrhunderts.
Trotz dieses unheilvollen Präludiums kam es in Salzburg auffallend spät, erst um 1670, zu einer systematischen Hexenverfolgung im großen Stil.
Sie galt in ihrer überwiegenden Stoßrichtung mittellosen Vaganten, kleinen Dieben und Bettlern, die die Verelendung des Dreißigjährigen Krieges über die Landstraßen des kriegsverschonten Salzburger Fürsterzbistums trieb. Ausgelöst wurde diese Prozeßflut, die alsbald die Kerker und Keuchen des Landes mit Delinquenten überfüllte und ungeheure Kosten verschlang, durch Barbara Kollerin, eine amtsbekannte, kleine Opferstockmarderin, die dem sozial auffälligen Berufszweig der Abdecker angehörte. In der Folge traf es vorwiegend jun ge Menschen, die ohne Obdach, ohne Einkommen und ohne Zukunft umherstreunten. Um diese wachsende Zahl von Beschuldigten, Denunzierten oder irgendwie Eingefangenen

Hexenturm. Lavierte Tuschfederzeichnung von Adele Esinger, um 1880.

unterzubringen, errichtete man den Hexenturm. Er wies eine Ausgangspforte im ersten Stockwerk auf, von wo die Verurteilten geradewegs auf den Schinderkarren herabgelassen wurden. Denn man glaubte, die *Malefikanten*, von denen zum Zeitpunkt der Verurteilung meist nur noch ein Häuflein geschundener Mensch übrig war, könnten sich unsichtbar machen, sobald sie den Erdboden berührten.
Eine bemerkenswerte Ausnahme unter diesen armen Bettelbuben bildete die 80jährige Greisin Margareta Reinbergerin, eins von über 70 in den Jahren 1678/79 hingerichteten Opfern. Die Prozeßakten bringen die unbeugsame Zivilcourage dieser Frau zum Ausdruck, weshalb ihr Schicksal stellvertretend für viele andere

hier hervorgehoben werden soll.
Trotz 300 Rutenstreichen wies sie den Vorwurf der Hexerei von sich, erst als mit der schweren Tortur gegen sie verfahren wurde, *man zog sie gebunden ein wenig bei den Ohren auf,* gab sie ein Schuldgeständnis ab, widerrief dieses aber sogleich mit der dem Richter geltenden Bemerkung: *Müsse ihn halt anliegen, wisse nichts!* Mit Händen und Füßen an einen Stuhl gefesselt, wurde die Unglückliche unter beiden Irxen (Achseln) und an den Fingern der rechten Hand gebrannt, schließlich zum Tode verurteilt und am 20. Oktober 1678 auf dem Scheiterhaufen hingerichtet.
Die Fassadengestaltung am Haus Ecke Wolf-Dietrich-Straße und Paris-Lodron-Straße ist übrigens das einzige Denkmal, das den durch die Hexenverfolgung Umgekommenen das öffentliche Gedächtnis bewahrt.
Die Paris-Lodron-Straße stößt in Mirabellplatznähe auf die nach links abzweigende Dreifaltigkeitsgasse. Dort verläuft salzachseitig die lange Front des Mozarteums, des ehemaligen Primogeniturpalastes von Erzbischof Paris Lodron.

5 PARIS LODRONSCHER PRIMOGENITURPALAST, heute HOCHSCHULE MOZARTEUM, Dreifaltigkeitsgasse, Eingang Mirabellplatz:

Die Hundsgräfin – Verkauftes Kind und Napoleons blonder Page

Mit der Säkularisation des Fürsterzbistums und dem nachfolgenden wirtschaftlichen Niedergang des Landes war Salzburg arm, leer und wohlfeil geworden. Damals ließ sich eine Frau, 43 Jahre alt und von attraktiver Erscheinung, in der Stadt nieder. Sie nannte sich Emilie Victoria Freiin von Wolfsberg. Im Bestreben, hier ihr Leben in gesetzte Bahnen zu lenken, gab sie viel Geld sehr locker aus. Sie erwarb zuerst den oberen Flügel des um 1631 errichteten Primogeniturpalastes Paris Lodrons und den Garten des Apothekers Gottlieb Bernhold, auch dieser in der Dreifaltigkeitsgasse gelegen, und kurz darauf, im Jahr 1831, den Rauchenbichlerhof im Vorort Gnigl aus der Hand des Salzburger Handelsmannes und Stadtrats Franz Anton Rauchenbichler. Dazu kamen Auslagen für Equipage und Dienerschaft.

EVA KRAUS alias FREIIN VON WOLFSBERG (1785–1845), Geliebte Napoleons

1785 wurde in der Arbeitersiedlung des Quecksilberbergwerks Idria/Kroatien ein Mädchen geboren, das von seinen Eltern nichts weiter mitbekommen konnte als ein paar schöne Namen – Eva Lucia Cäcilia Victoria. Der k. u. k. Artillerieoffizier Philipp von Mainoni löste das zehnjährige Mädchen der verwitweten Mutter für ein paar Gulden ab und nahm es mit sich nach Wien. Um ihm eine Erziehung zu geben, wie das in biedermeierlicher Verbrämung hieß. Erst die Historikerin Leomare Qualtinger fand anhand von hinterlassenen Tagebüchern heraus, daß der Offizier aus einem Beweggrund gehandelt hatte, den wir Heutigen weniger schonungsvoll beim Namen nennen: Sexueller Mißbrauch einer Minderjährigen.

Der im Kriegsministerium beschäftigte Offizier vermittelte 1805 die damals 20jährige anläßlich des triumphalen Einzugs der französischen Truppen in Wien an den siegreichen Napoleon. Was Mainoni die weitere militärische Laufbahn sichern sollte und Eva Kraus ein abenteuerliches Leben bescherte. Als Page und Adjutant verkleidet, begleitete sie den *Unwiderstehlichen* quer durch Europa. Das einzige Bild, das dazu überliefert ist, im kaiserlichen Auftrag vom Hofmaler Ritter von Lampi angefertigt, zeigt sie freilich als „Ruhende Venus" und nicht als schöne Amazone.

Ein Jahr bevor Napoleon am 6. April 1814 abdankte, trennten sich ihre Wege. Die Geliebte auf Abruf wurde mit einem in London deponierten Vermögen in einen neuen Lebensabschnitt entlassen. Sie ging das Experiment einer bürgerlichen Ehe ein, war bald danach geschieden und auf Reisen. Bis der junge Vorarlberger Arzt Vincenz Brau-

J. B. Lampi d. J., Venus auf einem Ruhebette.

ner den Wunsch nach einem festen Zuhause weckte. In Salzburg bot sich die Stelle eines Kreisarztes an, die er aufgrund seines Zusammenlebens mit der „wilden Gräfin" alsbald wieder verlieren sollte. Bereits 1836 wanderte ein Großteil ihrer Habe ins Versatzamt. Sein frühzeitiger Tod 1838 scheint dann stark beschleunigt zu haben, was zuerst Gerücht, dann Stadtgespräch, schließlich Legende wurde – das Schicksal der „Hundsgräfin" Freiin von Wolfsberg.
Der Spottname war im Hinblick auf die vielen Tiere gewählt, die sie mit größter Anhänglichkeit hielt. Legendär sind die silbernen Schüsseln, aus denen sie fraßen und der feine Batist, auf dem sie schliefen. Mit dem Tod des Lebensgefährten geriet der seit jeher instabile Lebenswandel ins Kippen. Schulden und soziale Isolation wuchsen sich zum Desaster aus.
Sie starb 1845 im Fischerhäusel, einem kleinen Nebenhaus des Rauchenbichlerhofes, das ihr von der letzten Zwangsversteigerung geblieben war. Außer etwas Mobiliar hinterließ sie noch fünf Papageien, acht Singvögel, acht Pfauen, zwei Turteltauben und zwölf Hunde. Im Friedhof von Gnigl ist an der ostseitigen Mauer eine Gedenktafel angebracht.

Von der Dreifaltigkeitsgasse zweigt nach Norden die Bergstraße ab, eine uralte Ausfallstraße, wo sich neben zahlreichen Gasthöfen und Herbergen auch die Zentralgarage des „Hochfürstlichen Postkutschendienstes" befand.

6 DAS KARTENMALERHAUS, Bergstraße 9 – Kunsthandwerk in Frauenhand

Das Haus Nr. 9 in der Bergstraße trägt die altertümliche Bezeichnung „Kartenmalerhaus". Hier war über Jahrhunderte das Gewerbe der Spielkartendruckerei ansässig, das in der residentialen Fürstenstadt auf florierenden Absatz rechnen durfte.
Seit 1648 ist das Gewerbe in der Stadt Salzburg belegbar, und Frauen waren dabei von Anfang an vertreten. 1681 reklamierte Ursula Forster bei der Obrigkeit, daß sie nach dem Tod ihres Mannes nunmehr allein als „Papiermalerin" tätig sein möchte. Im 18.

Jahrhundert übernahm die Familie Schnegg die Herstellung von Spielkarten in der Bergstraße, Maria Elisabeth Schnegg führte zuerst den Betrieb zusammen mit ihrem Mann und später mit dem ursprünglichen Gesellen Joseph Rauchmiller, den sie nach Ausscheiden ihres Mannes in den Betrieb aufgenommen hatte. Im Verlauf scheinen zwei weitere weibliche Familienmitglieder als resolute Betreiberinnen des Kartenmalergewerbes in den Zeitzeugnissen auf. Der Betrieb nahm Aufschwung, und als der spielversessene Erzbischof Schrattenbach 1753 ans Regieren kam, verschaffte dies dem Geschäftsgang zusätzliche Aufträge. Die Nachfrage nach Tarockkarten französischer oder deutscher Machart war so lebhaft wie später nie mehr. Auf die Rauchmillers folgten die Traunwisers, bei denen wiederum zwei begabte Kartenmalerinnen vertreten sind. Ihre Produktion enthielt einen Satz Salzburger Hexenspielkarten, die sich damals größerer Beliebtheit erfreuten. Der Niedergang des Gewerbes setzte mit den industriellen Druckverfahren ab etwa 1800 ein, wogegen die Familienbetriebe alter Machart, nicht selten unter weiblicher Leitung stehend, chancenlos waren.

Hexenkarte aus dem Salzburger Hexenspiel, Joseph Traunwiser, um 1760.

FRAUENSPUREN

Für die Dreifaltigkeitsgasse 3 heißt es 1374: *der pirprewin hofstat zenagst an der nydern rewt*.

Linzergasse 22: 1608 Wallenpergerin, Gastgebin.

1713 Tandlgraber, Turnergsoll und seine Schwestern, welche die Bierzapflerey betreiben *bey der gulden Rosen*. 1816 Rosenwirtshaus.

ROUTE 5

Mönchsberg weiblich – „Dieser langgestreckte Rücken ist wirklich zum Entzücken"

Universitätsplatz – Toscaninihof – Mönchsbergstiege – Mönchsberg – Karolinenhöhe – Bürgerwehrsöller – Augustinpforte – Monikapforte – Mülln – Franz-Josefs-Kai – Gstättengasse – Museumsplatz – Griesgasse

Der Spaziergang nimmt am Universitätsplatz seinen Ausgang und führt durch den Toscaninihof auf den Mönchsberg. Der langgezogene Höhenrücken aus Nagelfluh oder Breccie, wie dieser gesuchte Baustein der Stadt heißt, umschließt eine ausgedehnte englische Parklandschaft. Hier lagen zwei Künstlerdomizile, mit denen der weibliche Anteil an der Salzburger Kulturgeschichte in besonderer Weise verknüpft ist: Das Haus Esinger und das Atelier Agnes Muthspiel.
Das Haus Esinger war um die Jahrhundertwende ein wichtiger Treffpunkt für kunstschaffende Frauen. Das Atelier Agnes Muthspiel wurde eine der ersten Kunstadressen in Salzburgs Nachkriegszeit.
Der Spaziergang führt über den Mönchsbergrücken an die westlichste Spitze der Altstadt nach Mülln und kehrt unter den Kastanien am Salzachkai zurück zur Stadt, wo Ursulinenkirche, Museum Carolino Augusteum und das Geburtshaus der Schriftstellerin und Vorkämpferin für die Frauenrechte, Irma von Troll-Borostyáni, in der Griesgasse 4, Stationen aus der Frauengeschichte Salzburgs darstellen.

Die Route beginnt...

Noch vor dem Mönchsbergaufgang liegen mit Universität und Festspielhaus zwei traditionsreiche Institutionen Salzburgs.

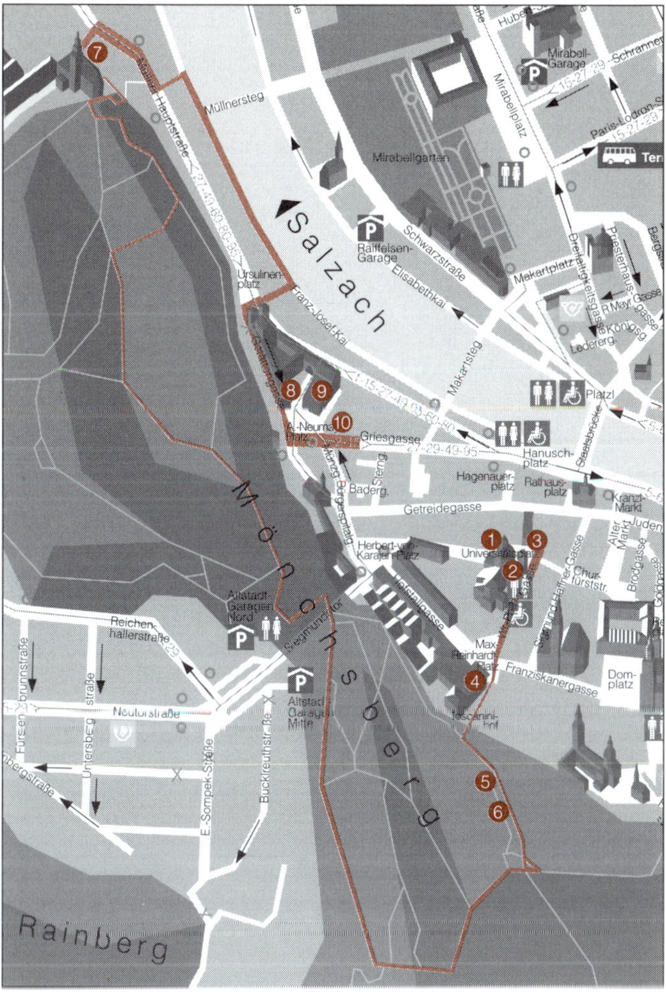

1 Universitätsplatz
2 Kollegienkirche
3 Marktstände
4 Festspielbezirk
5 Villa Esinger
6 Atelier Agnes Muthspiel
7 Mülln/Pfarrkirche und Bräustübl
8 Ursulinen
9 Museum Carolino Augusteum
10 Geburtshaus Irma von Troll-Borostyáni

1 UNIVERSITÄTSPLATZ

Das weite Areal zwischen Getreidegasse und Mönchsberg, soweit es nach westlicher Ausdehnung außerhalb der Sigmund-Haffner-Gasse lag, war bis zur Zeit Wolf Dietrichs (1587–1612) Frauengarten. Er gehörte dem Stift St. Peter, war Obstgarten der Petersfrauen, Waschplatz, bis Ostern eine volkstümliche Spielwiese und den Sommer über gesperrt, da klösterlicher Nutzung durch die Petersfrauen vorbehalten.

1607 begann mit dem Hofmarstall, der den 170 Rassepferden des erzbischöflichen Hofes (man fuhr sechsspännig) Unterstand, dazu Manege und Tränke bot, die Geschichte seiner Verbauung. Bald nach den Rössern zog die Bildung auf dem lauschigen Gelände ein. Gegenüber dem Marstall errichtete man 1618–1652 das *Studiengebäude*, ein von Benediktinern geführtes Knabengymnasium, das Erzbischof Paris Lodron 1622 in den Rang einer Universität erhob. Die Freude am Spiel hat sich nichtsdestotrotz am Ort gehalten.

Frauen auf Studienplätzen waren bei Alma mater Salisburgiensis ursprünglich nicht vorgesehen. Zugelassen waren sie nur – nach dem Tagebuch des Studenten Heinrich Pichler – bei den Aufführungen des Studententheaters. Diese Theaterabende zählten bis ins 18. Jahrhundert zu den großen gesellschaftlichen Ereignissen der Stadt. Für Frauen war der Besuch allerdings ein gewagtes Unternehmen. Denn die Herren Studenten nahmen für sich in Anspruch, sich bei dieser Gelegenheit – mit Duldung von oben – zu öffentlichen Sittenrichtern aufzuschwingen. Frauen oder Mädchen mit *defekter Ehre* wurden hier studentischen Buh-Rufen preisgegeben.

1810/11 wurde die Universität unter bayerischem Protektorat aufgehoben. An ihre Stelle trat ein das Hochschulstudium vorbereitendes Lyzeum.

Erst 1964, der Hochschulzugang für Frauen war lang erobert, öffnete die Paris Lodronsche Universität Salzburg erneut die Tore. Zur Frauenbildung in Österreich kurz die Basisdaten:

1897: Frauen erhalten die Zulassung zum Studium der Philosophie.

1900: Zulassung von Frauen

zum ordentlichen Medizinstudium.
1919: Auch das Jusstudium wird für Frauen freigegeben.
1946: Spät, aber doch, nehmen auch die Theologischen Fakultäten Frauen auf.

2 KOLLEGIENKIRCHE, Universitätsplatz

1696–1707 kam mit Errichtung der Universitäts- oder Kollegienkirche durch Johann Bernhard Fischer von Erlach der den Platz architektonisch beherrschende Bau zur Verwirklichung. Dessen dramatisch-lebhafte Komposition bezeichnet einen neuen Abschnitt in der Stadtentwicklung, indem hier die Kunstform des süddeutsch-österreichischen Barock einsetzt und die Tradition italienischer Baukunst in Salzburg abbricht. Die Kirche ist Maria geweiht, ihre Verbindung zur Universität dokumentieren acht Gestalten um das Tabernakel, die die Musik, Dichtkunst, Malerei, Architektur, Theologie, Philosophie, Rechtswissenschaft und Medizin, also die *Universitas* als die Summe menschlicher Geistestätigkeit, verkörpern. Darüber schweben die göttlichen Tugenden

Salzburger Würstlfrau.

und die sieben Erzengel, dem Wirkungskreis menschlichen Erkennens übergeordnet.
1922 fand hier die Aufführung des „Großen Salzburger Welttheaters" von Hugo von Hofmannsthal statt. In der Rolle der „Frau Welt" trat Anna Bahr-Mildenburg auf. Seither wurde die hervorragende Akustik der Kirche immer wieder für Produktionen der Salzburger Festspiele genutzt.
Nicht erst heute beleben den Universitätsplatz zahlreiche Marktstandln. Sie bildeten im Stadtleben seit jeher eine

wichtige wirtschaftliche Nische, wo sich speziell Frauen ein unabhängiges Einkommen bot. Berühmt sind die Salzburger Würstlstände. Einer der vielen Kioske, die für den Platz so charakteristisch sind, gewann zur Biedermeierzeit besondere Bedeutung.

3 MARKTSTÄNDE-ARKADIEN IN DER TABAKTRAFIK – DIE DICHTERIN MARIA JOHANNA SEDELMAIER (1811–1853), Universitätsplatz

Nach 1800 hat die romantische Schönheit der politisch bedeutungslos gewordenen Stadt einen frühen Tourismus der Maler, Literaten und aristokratischen Reiseschriftsteller ausgelöst. Damals wurde die Tabaktrafik der Dichterin Maria Johanna Sedelmaier, eins von vielen Standln am Platz, zur vielbesuchten Literaturadresse. Ladislaus Pyrker, Nikolaus Lenau, Franz Grillparzer und König Ludwig von Bayern schauten bei der „Juvavischen Sappho" auf einen Besuch vorbei.
Die Entdeckung des römerzeitlichen Gräberfeldes auf dem Bürglstein sowie die arkadische Naturschönheit von Aigen bildeten den altphilologisch getönten Themenkreis ihres Schaffens.
1832 erschien ein Band Gedichte, 1837 das dramatische Gedicht „Romulus und Remus". Nach dem Tod der Mutter führte Maria Johanna Sedelmaier die Trafik allein weiter, in einer Mischform aus Geschäft und Literatureinrichtung.
Erst in ihren letzten Lebensjahren eröffnete sich ein angemessener Broterwerb durchs Unterrichten. Maria Johanna Sedelmaier, die ihr Latein und Griechisch mithilfe der Schulbücher ihres Bruders erworben hatte, wurde als Lehrkraft an die neu eröffnete Mädchenschule St. Andrä berufen.

Aussicht auf dem Mönchsberg am Mönchstein

Wie schön der Berge Reihe
Dies Zaubertal umschließt,
Wie in die ferne Bläue
Die Eingeborne fließt;
Wo Dörfer mild umglänzet
Mit Ceres Gaben stehn,
Von Park und Hain
bekränzet,
Hier ist Arkadien!

Johanna Maria Sedelmaier

Sie starb 1853, als hellenisierende Lyrikerin eine Berühmtheit, an einem Lungenleiden, im Alter von 42 Jahren.

4 FESTSPIELBEZIRK, Hofstallgasse

Von der Kollegienkirche am Universitätsplatz führt der Weg durch die Wiener-Philharmoniker-Gasse Richtung Toscaninihof und Festspielhaus.

Eigentlich sollte ein Spaziergang durch die Frauengeschichte der Stadt Salzburg eine Gasse meiden, die ihren Namen nach einem Orchester hat, dessen Bekanntheit nicht nur auf „echten Lorbeeren" beruht, sondern dazu auf der jahrzehntelangen Weigerung, Musikerinnen ins Orchester aufzunehmen.

Demgegenüber verzeichnet die Geschichte der Salzburger Festspiele zwar eine beachtliche Anzahl von weiblichen Mitwirkenden, doch blieben ihre Leistungen neben jenen ihrer männlichen Kollegen oft im Hintergrund.

1928 schuf die Künstlerin Poldi Wojtek (1903–1978) das bis heute unveränderte, weltweit bekannte Logo der Salzburger Festspiele. Ein weiblicher Beitrag zu deren Erfolgsgeschichte, der konsequent verdrängt wurde.

Hier einige historische Daten zum Werdegang dieser Institution:

Seit 1876 nahm die Idee eines Mozart-Festes, der Keim der späteren Festspiele, faßbare Form an. Vorerst im Provisorium wurde die Umgestaltung des Hofmarstallkomplexes am glatt skarpierten, leicht vorspringenden Mönchsbergfelsen vorgenommen, wo seit barocker Zeit die Winter- und Sommerreitsschule untergebracht gewesen waren. Die endgültige architektonische Synthese zwischen Alt und Neu schuf Clemens Holzmeister mit seinem Umbau des Kleinen Festspielhauses 1926 und der Errichtung des Großen Festspielhauses 1956–1960.

Mit Regisseur Max Reinhardt, der am 22. August 1920 auf dem Domplatz den „Jedermann" Hugo von Hofmannsthals erstmalig zur Aufführung brachte, begann die eigentliche Festspielära Salzburgs, ein nicht ganz unbewußter Brückenschlag zurück zum Glanz seiner Barockfürsten. Schloß Leopoldskron, 1918 von Max Reinhardt erworben, bot bis

Logo Salzburger Festspiele von Poldi Wojtek.

1938 die mondäne Kulisse für zahlreiche Künstlerfeste.
Mit Max Reinhardt kam Helene Thimig, eine von vielen Künstlerinnen, die zum künstlerischen Ruhm der Festspiele beigetragen haben. Hier noch erwähnt sei Lilli Lehmann, 1848 in Würzburg geboren, Wagnerinterpretin und Mozartsängerin, die maßgebliche Aufbauarbeit sowohl für die Errichtung des Mozarteums wie der Salzburger Festspiele leistete.

AUFSTIEG ZUM MÖNCHSBERG, Toscaninihof

Der Toscaninihof eröffnet Zugänge ins Kleine Festspielhaus, in den Hof des Stiftes St. Peter, in die Mönchsberggarage mit einem Fußgängerdurchgang in die Riedenburg, und er ist überdies das Treppenhaus zum Mönchsberg.
Die Edmundsburg, der beherrschende Bau über dem Hof, beherbergt heute eine Internationale Forschungsstätte.
Unter der ausladenden Kastanie auf dem Felsenabsatz lassen sich, mit Sicht auf den Turmhelm von St. Peter, Franziskanerkirche, Dom und den Rest der Altstadt, Verschnaufen und Aussichtgenießen gut verbinden. Am Hang sichtbar sind bereits die alten Mönchsberghäuser mit ihrem ländlichem Charakter. Die Nr. 9 in der Scharte, heute die Kruckenhauservilla, hieß in mittelalterlicher Zeit *der rote Turm* und gehörte mit dem darunter gelegenen Abtsturm auf Nr. 8 zu den ältesten Befestigungen des Mönchsberges.
In den Nachkriegsjahren beherbergte es das vielbesuchte Atelier der Maler Agnes Muthspiel und Herbert Breiter.
Noch unterhalb davon, in der

Weggabelung, die sich vor Erreichen der Kuppe wieder schließt, steht, von einer uralten Gartenmauer mit Gedenktafel umzogen, das Haus Nr. 6, die frühere Villa Esinger, vor 100 Jahren eine Enklave für die Frauenkunst der Stadt.

5 DIE VILLA ESINGER, Mönchsberg 6 – Eine weibliche Kunstenklave

Hier lebten, idyllisch abgehoben, die Malerin Adele Esinger und ihre Schwester Hermine, Pianistin, Orgelvirtuosin und letzte Liszt-Schülerin. Sie luden jeden Freitag zu Lese- und Musizierstunden Gäste ein, die deswegen oft weite Anreisen in Kauf nahmen. Denn die Esingers waren über einen großen Freundeskreis mit Menschen in Kontakt, denen die Ausbildung und Berufstätigkeit von Künstlerinnen ein Anliegen war.

Ab 1868 gab es eine kontinuierliche Beteiligung von Künstlerinnen im Ausstellungsgeschehen des 1844 gegründeten Salzburger Kunstvereins. Adele Esinger, seit 1876 mit vertreten, erhielt für ihre Landschaften breite Anerkennung und hat, zusammen mit ihrer Malerfreundin Bertha von Tarnóczy dazu beigetragen, das Berufsbild der freischaffenden, unabhängigen Künstlerin gesellschaftlich zu etablieren. Bertha von Tarnóczy war deswegen nicht nur in Salzburg aktiv, sondern auch im Komitee jener acht Frauen vertreten, die 1882 den Münchner Künstlerinnenverein ins Leben riefen.

1877, als sich der Salzburger Kunstverein für Frauen öffnete, kamen auch zwei Landschaften der bei Anton Hansch ausgebildeten Adele Esinger, darunter eine „Partie am Mönchsberg", zur Ausstellung.

Der Weg zur Anerkennung weiblicher Kunst war nichts desto weniger mühsam. Höchst zögerlich ließ sich die Presse zu fundierten Urteilen herbei und trotz unbestrittener Leistungen endete für viele dieser Frauen, auch für die Schwestern Esinger, dieser Weg der Selbstbehauptung in ökonomischer Aussichtslosigkeit. Denn mit zunehmendem Alter wurde es immer schwieriger, die materielle Basis für ihre Existenz künstlerisch zu erwirtschaften.

Johanna Schuchter erinnert sich an ihre Besuche in dem

Die Schwestern Esinger im Garten ihres Hauses auf dem Mönchsberg. Tuschzeichnung von Adele Esinger, um 1900.

allen technischen Anschluß ans 20. Jahrhundert verweigernden Haushalt:

Da sah ich plötzlich wieder alles vor mir: Das alte Tor mit dem Schiebetürchen für die Briefe und die durch das Haus bimmelnde schwarze Eisenglocke. Ich hörte die trippelnden Schritte der alten kleinen Magd, die mir öffnete. Sie paßte so gut in das dunkle Haus, in dem es kein elektrisches Licht und auch keine Wasserleitung geben durfte. Oben stand, sich an dem wackeligen Holzgeländer anhaltend, Hermine Esinger, um nach dem Besucher auszuschauen.

In freundschaftlich enger Verbindung standen Adele und Hermine Esinger mit den drei Salzburger Schwestern Baumgartner, auch sie künstlerisch tätig, in deren Haus in der Riedenburgstraße 7 seit 1882 die Schriftstellerin und Vorkämpferin für Frauenrechte, Irma von Troll-Borostyáni und ihre Schwester Wilhelmine Mitbewohnerinnen waren.

Mit der couragiert streitbaren Erscheinung letzterer, die ihre Ablehnung der überkommenen Frauenrolle durch Kurzhaarschnitt, Männersakkos, Zigarren, Tarock- und Bergpartien ebenso zum Ausdruck brachte wie durch publizistische Stellungnahmen zu Prostitution und weiblichem Bildungsnotstand, kam ein gesellschaftsanalytisch-kämpferischer Ton in die Mönchsberger Frauenrunde. Diese hatte ihr kultiviertes Außenseitertum eher im Rahmen bürgerlicher Wohlgelittenheit angesiedelt. Irma von Troll verfolgte mit ihrer schriftstellerischen Tätigkeit einen weniger kompromißbereiten Weg zur Gleichstellung der Geschlechter und schloß in ihre Kritik gelegentlich auch Frauen ein. Während Zeitgenossinnen in vermeintlich emanzipatorischer Aufbruchsstimmung in Theodor J. Ethofers Malschule liefen, um sich

dort als Künstlerinnen zu betätigen, brüskierte Irma von Troll das provinzielle Umfeld schon einmal mit einer bitteren Bemerkung über die *Salzburger Doppelgänse*.
Vergleichbar unangepaßt wirkt der Lebensweg der Schriftstellerin Irene von Schellander (1873–1932), deren Erzählungen und Gedichte Verlage in Berlin und Leipzig in Druck brachten.
Auch sie war ein ständiger Gast bei den Schwestern Esinger, denen eins ihrer Gedichte, „Altes Haus auf dem Mönchsberg, Salzburg" gewidmet ist.
Am 22. April 1932 im St. Johannsspital verstorben, heißt es in ihrem Nachruf:
Irene von Schellander, die große, aufrechtschreitende, vor jedem fremden Menschen eine gewisse, kaum zu verbergende Scheu, mit dem schwarzen dünnen Wetterkragen, dem breitkrempigen, grauen Filzhut und den übermäßig schweren Schuhen, immer Schriften und Päcke von Zeitungen unter dem Arm.

Altes Haus auf dem Mönchsberg, Salzburg

Du liebes, altes Mönchsberghaus
Mit den Butzenscheiben, den blassen,
Mit Schmiedeisengittern und Dachlugaus
Über Türme, Kuppeln und Gassen.
Durch Deine Räume schwebt Mozarts Schritt,
Von beseelten Händen getragen,
Und leise wandern die Katzen mit
Und die alten Uhren schlagen.

Und Bilder birgst du von Meisterhand,
Gestalten in Erker und Nische:
Einst glitt über Treppen hier geistlich Gewand
In lauschender Dämmerfrische.
Gebete summten, voll Feuerwein
Klang Becher an Becher gerne –
Jetzt lauert in schwarzer Blindheit allein
Im Keller die Zisterne.

Zu Deinem Garten führen empor
Ausgetretene Stufen.
Da duften und rauschen Fichten im Chor,
Und Amseln und Finken rufen.
Zum steinernen Tisch vom Dache schäumt
Hellflammender Rosenschauer
Und stürzt, von blitzenden Bienen umsäumt
Über die Gartenmauer.

Irene von Schellander

Von Nr. 6 nur ein paar Schritte bergaufwärts gelegen ist die heutige Kruckenhauservilla auf Nr. 9, die frühere Wohn- und Atelieradresse von Agnes Muthspiel.

6 ATELIER AGNES MUTHSPIEL (1914–1966), Mönchsberg 9

Die Nachkriegsjahre waren nicht allein *schwierig*. Sie waren vielmehr von geistiger Ödnis, provinzieller Enge und materieller Bedrückung bestimmt. Ins Exil verjagt war die Welt der Kunst, die Städte ausgebombt, die Menschen hungrig und, nach Jahrzehnten ideologischen Mißbrauchs, sprachlos, bedrückt, desorientiert.

Ein erstes kulturelles Leben entstand vorwiegend in Kreisen von christlicher Gesinnung, die vergleichsweise unbelastet aus dem Schatten der Nazi-Zeit traten und damit den kulturellen Wiederaufbau einleiteten. Aber auch Frauen scheint dieser Neuanfang etwas leichter gefallen zu sein. Agnes Muthspiel, Irma Toledo, Trude Engelsberger und auch Helga Müller entdeckten in diesem Vakuum der Nachkriegsjahre ihren jeweils individuellen Weg zur Kunst. Sie begannen, ohne Vorbildung, also ohne akademisch vermittelte Vorbilder, zu malen. Eine homogene Gruppe bildete sich daraus nicht, aber eine äußerst lebhafte Kunstszene.

AGNES MUTHSPIEL (1914–1966), Malerin

Agnes Muthspiel, 1914 in Salzburg geboren, das *naive Kraftgenie* in der heimischen Nachkriegsmalerei, ist im übrigen in kein Raster einzufügen.

Agnes Muthspiel.

Als einziges Mädchen der Klasse hatte sie das Humanistische Gymnasium besucht, war in den Kriegsjahren als Religionslehrerin in der Dompfarre beschäftigt gewesen und war 1941 verwitwet. Zur Malerei kam sie erst nach Kriegsende, durch Bekanntschaft mit jener Handvoll Künstlern, die Logik oder Zufall des Krieges in die Stadt verschlagen hatte, Max Peiffer Watenphuhl, Caspar Neher, der Lebensgefährte Herbert Breiter u. a. Sie bildeten den *Inner Cercle* einer Künstlerszene im Mönchsberghaus von Agnes Muthspiel, wo die Malerei als die wesentlichste, am tiefsten empfundene Spielart der Lebenskunst betrieben wurde.

Ausstellungen in Rom, Berlin, München, Mannheim, Frankfurt, Zürich, Wien und Salzburg sorgten europaweit für Anerkennung und Bekanntheit. Eine Kunstschaffende von internationaler Bedeutung wurde Agnes Muthspiel deswegen nicht. Was möglicherweise damit zu begründen ist, daß ihr Werk wie ihr Leben in einzigartiger Weise mit dieser Stadt und dem alten *roten Turm* auf dem Mönchsberg verwachsen war. Dabei bedeutete ihr, auch das eine Salzburger Eigenart, Italien, genauer dessen Süden, die eigentliche und wahre Heimat, das Land ihrer Wurzeln. Der Dichter Gerhard Amanshauser, wie Agnes Muthspiel ein Mönchsbergbewohner und Kunstkollege, hat ihr, der *Eingeborenen*, wie er sie mit einem besonderen Respektstitel nennt, ein Lebensbild verfaßt:

Naive Malerei, das zeigen schon die zahlreichen Imitationen, wird von den meisten, einschließlich vieler Künstler, mißverstanden. Schon das Wort naiv mit seinen leicht abschätzigen Beiklängen deutet die Art des Mißverständnisses an. Ein naiver Mensch – damit bezeichnet man einen, der zwar vielleicht einen gewissen Charme hat, im übrigen aber nicht ganz ernst zu nehmen ist. Und das war Agnes Muthspiel nicht.

Naive Malerei wäre dann eine harmlose, verspielte, charmante, aber doch ein wenig kindische Kunst. Für Agnes Muthspiel gilt es nicht. Will man sie naiv nennen, so darf man nicht der Illusion derer verfallen, die glauben, sie könnten sich nach ihren ernsten Beschäftigungen und Geschäften an den Kaprizen eines naiven Künstlers erfreuen. Solche Trennungen, bei denen alles und jedes zu kurz kommt, waren für Agnes Muthspiel hinfällig. Naiv bedeutet, auf sie angewandt, die ungebrochene, unabgeleitete, direkte Art, mit der sie ihre Lebenserfahrung, ihren alltäglichen Blick auf die Dinge in Malerei übersetzte. Ihr Alltag war intensiv. Es war nicht so, daß sie als Künstlerin für die Malerei lebte, sondern die Malerei war für sie Fortsetzung und Ausweitung des Lebens in einem anderen Medium.
Intensität des Lebens, das war es, was sie auszeichnete. Die Hände, die kochten – und sie war eine gute Köchin – waren identisch mit den Händen, die malten – und sie war eine gute Malerin. Wo sie die Dinge um sich gruppierte und zubereitete, bildete sich eine gastliche Wohnung. (Gerhard Amanshauser)
Durch einen Schlaganfall im Jahr 1964 büßte Agnes Muthspiel ihre Gesundheit und ihr Malvermögen großteils ein. Sie verstarb nach einem zweiten Schlaganfall 1966.

Vorbei am Bürgermeisterloch, das einen Fußweg ins Nonntal eröffnet, führt der Weg mit Erreichen der Kuppe nach rechts, wo die historistische Ritterburg der Familie Frey sichtbar ist. Links zweigt dann ein Fußpfad zur Richterhöhe ab, von wo der Blick im weiten Panorama über Leopoldskron und die – heute längst verbaute – Moorlandschaft Richtung Untersberg wandert. Rechter Hand erhebt sich in leichter Steigung ein Wiesenhang zur Karolinenhöhe, dem höchsten Punkt des Mönchsbergs, benannt nach der Kaiserinwitwe und *höchsten Wohltäterin der Stadt*, Caroline Auguste.
In dieser Parklandschaft tauchten während des zweiten Weltkriegs Flugblätter auf, die zum Widerstand gegen die NS-Diktatur aufriefen. Eine Vertreterin dieser Untergrundbewegung war die Arbeiterin Rosa Hofmann.

ROSA HOFMANN (1919–1943), Widerstandskämpferin

Es gibt nur ein Kriegsziel: Weg mit Hitler! und *Auf in den Kampf für eine freie sozialistische Räterepublik! Auf in den Kampf für Friede, Freiheit und Brot!*, so stand es, versehen mit Hammer und Sichel, auf den hektografierten Flugschriften, die seit 1941 auf den Parkbänken des Mönchsbergs, dann auch in Telefonzellen und Eisenbahnabteilen auftauchten, ausgeteilt von unbekannter Hand. Denn auf Widerstand gegen die Hitlerdiktatur stand die sofortige Verhaftung, Folterverhöre, Abschiebung ins Lager oder Exekution.

Rosa Hofmann, 1919 bei Linz geboren, Näherin und seit 1940 aktive Kommunistin, hat ihre mutig vertretene politische Überzeugung und damit ihre kleine Funktionärsaktivität als Flugzettelverteilerin mit dem Leben bezahlt.

Sie war in der kommunistischen Jugendgruppe, die in einer Schutzhütte auf dem Schlenken bei Hallein interne Schulungen abhielt, und sie war, damit extrem gefährdet, als Kontaktfrau zur Wiener Gruppe tätig und organisierte in dieser Funktion in ihrer kleinen Maxglaner Wohnung mehrere Treffen mit ihren politischen Genossinnen Maria Langwieser und Anna Reindl.

Das anklagende Gericht formierte daraus eine „Salzburger Frauengruppe".

1942, als die Gestapo nach und nach die gesamte Widerstandsorganisation der Arbeiterbewegung aushob, war auch Rosa Hofmann unter den Verhafteten. Am 9. März 1943 wurde sie *wegen Wehrkraftzersetzung in Verbindung mit landesverräterischer Feindbegünstigung und Vorbereitung zum Hochverrat* in Berlin hingerichtet. Im Dokumentationsarchiv des Österreichischen Widerstandes ist ihr Abschiedsbrief an die Familie erhalten.

Berlin-Plötzensee, 9. März 1943

Liebe Mutter und Geschwister!

Heute heißt es Abschied nehmen von Euch, denn das Gnadengesuch ist abgelehnt worden. Aber ich bin ganz ruhig, liebe Mutter.

Rosa Hofmann.

Ich danke Dir, liebes Mütterlein, für Deine Liebe, und ich stehe so tief in Deiner Schuld wegen dem Kummer, den ich Dir jetzt bereite. Aber ich weiß, Du wirst mir verzeihen, Mutterle, und dem Toni und der Resl dafür auch die Liebe geben, die Du für mich übrig hattest. Sei stark, liebe Mutter, tapfer bist Du ja immer gewesen. Resi wird Dir tragen helfen, auch Toni und Bauxl.

Wenn Du sehen würdest, wie ruhig ich bin, dann würde auch Dein Kummer nicht so groß sein um mich. Behalte mich immer im lieben Angedenken, es sterben jetzt so viele und wissen nicht wofür, mußt Du Dir sagen. Auch daß Du und Ihr alle es mir so schön wie möglich gemacht habt. Du hast mir die schönen Fahrten ermöglicht, und überhaupt habe ich ein so schönes Leben bei Euch gehabt, so kann ich auch leichter sterben. Wer weiß, was ich noch alles mitmachen müßte, denn die Jugend ist vorbei, wenn man das erlebt, was ich erlebt habe. Ich komme mir vor wie eine alte Frau und würde nie mehr genauso glücklich sein können, es ist gut so, wie es ist, glaube mir. Ich bin müde geworden in der Zeit.

Also, liebes Mutterle, bleib gesund, und auch die Resi und der Toni, werdet noch recht glücklich, und macht der Mutter das Leben schön.

Meine letzten Busserln und eine heiße Umarmung schick ich Euch mit tausend Grüßen

*Eure Ratzi**

(*Koseform für „Rosa")

ÜBER DIE BÜRGERWEHR ZU SCHLOSS MÖNCHSTEIN UND WEITER NACH MÜLLN

Wo das Neutor durch den Fels gebrochen ist, öffnet sich ein phantastischer Ausblick auf das Getreidegassenviertel mit seinen Grabendächern und auf die rechtsseitige Altstadt am Fuß des Kapuzinerbergs. Hier bildet der Mönchsberg seine schmalste Stelle, die Taille gewissermaßen, und in mittelalterlicher Zeit wurde mit dem Bürgerwehrsöller, dessen Mauer von Türmen unterstützt quer über das Plateau läuft, eine wichtige Verteidigungslinie errichtet.

Auf dem schmalen Fußpfad, der rechts abzweigt, gelangt man zum Nördlichen Turm dieses Bürgerwehrsöllers. Er beherbergt das Naturfreundehaus (→) und bietet mit seiner kleinen, stillen Terrasse einen einzigartigen Ausblick über die Dächer und Türme der Stadt. Von der Hohen Warte, wie dieser alte Befestigungsplatz auch heißt, verläuft der Weg wieder abwärts und gabelt sich in zwei Richtungen.

Dieser Spaziergang folgt dem Weg rechter Hand, der zum Café Winkler mit Aussichtsterrasse und Lift in die Stadt führt. (Der Weg links führt zu zwei Schlößchen, im späten 15. und 16. Jahrhundert erbaut und von Erzbischof Wolf Dietrich dem Domkapitel geschenkt. Sie sind bis heute in kirchlicher Nutzung.)

Bevor sich der Mönchsberg nach Mülln hin absenkt, steht in schöner Gartenlage Schloß Mönchstein, seit Anfang des 19. Jahrhunderts als Hotel geführt. Dieses ursprüngliche Konviktschlößchen war seit 1654 im Besitz der Universität und hieß im Volksmund der *mathematische Turm*.

Noch weiter zurück liegt die Verwendung dieses Areals als jüdische Begräbnisstätte. Mit dem Kaufbrief von 1654 erwarb die Universität den *Judenfreythof* in ihr Eigentum. Zum Schloß Mönchstein wurde es erst mit seiner touristischen Nutzung zur Zeit der Spätromantik.

Durch die architektonisch eindrucksvollen Sperrbögen von Augustin- und Monikapforte, beides Teile der Paris Lodron schen Stadtumwallung, führt der Weg nach Mülln. Hier bietet noch eine Abzweigung den Rückweg über den Mönchsberg an, vorbei an dem bäuerlichen Anwesen auf Nr. 25, das Nora Watteck, Publizistin, anekdotische Geschichtsschreiberin und vor allem – zusammen mit den Grabungsleitern Prof. Klose und Dr. Silber – die Entdeckerin der keltischen Schnabelkanne auf dem Dürrnberg, bewohnt hat.

Als ich die keltische Schnabelkanne ausgraben durfte.
Ich grub vorsichtig weiter, und da kamen nun die elefantenartigen Tiere am Hals der Kanne zum Vorschein, ebenso der molchgeschmückte Henkel. Unter dem Hals, wo ich das Ende vermutet hatte, wölbte sich das Gefäß aber in Schulterform vor. Ich grub und grub, schier ohne Ende – war man doch damals noch durch keine Abbildung auf die Möglichkeit einer solchen Kannenform gefaßt. Erst später fand man noch ähnliche, aber stets kleinere und auch nur viel bescheidener verzierte Schenkgefäße ähnlicher Form, stets an Orten ehemals keltischer Besiedlung. (Nora Watteck, 1932)

7 MÜLLN – PFARRKIRCHE UND BRÄUSTÜBL

Der hier gewählte Spazierweg erreicht nun nach etlichen weiten Kehren Vorstadtpflaster, auf dessen geschichtshaltigem Boden die Müllner Pfarrkirche, das Augustiner-Eremitenkloster und das Müllner Bräustübl stehen. Mitsamt seinen Biertraditionen in Halle und Garten.

Auch hier gilt, je weiter zurück in die Geschichte, desto dichter die Spuren von Frauen. Im ältesten Urbarium des Klosters St. Peter, das über das Jahr 1147 zurückgeht, wird eine Müllerin *Margaret zu Muln* erwähnt, die 18 Pfennige Zins zahlte.

Der Mühlen betreibende Almbach und zuvor die *Via Augusta* nach Augsburg haben diesem westlichen Ausläufer der Stadt seit frühester Zeit Bedeutung verschafft. Ein römisches Nymphaeum gab seine Quellfassung als christliches Taufbecken weiter, und um 1300 entstand das *Bad zu Mülln*. Dazu machte sich die Marienkirche von Mülln beizeiten einen Ruf als Wallfahrtskirche. 1148 erbaut, folgte 1453, mit Auflösung des Domfrauenstiftes, die Errichtung der Pfarrkirche zu *Mühlen*, mit einem Kollegiatstift im Nebengebäude. Schon bald danach besaß *Unsere Liebe Frau zu Mülln daselbst*

Häuser und Gilten und ein großes Feld, die Frei genannt, auch Fraungarten enhalb Mülln.
Dann bekundete Erzbischof Wolf Dietrich Interesse an der stattlichen Einrichtung, ließ den Innenraum im Geschmack der Renaissance ausstatten und vergab die Kirche 1605 an die zur Protestantenbekämpfung ins Land gerufenen Augustinermönche, denen nebenan ein Kloster eingeräumt wurde. Auf gut katholisch kam mit ihnen das Bier. – Das unerreichte *Remedium* zur anhaltenden Besänftigung widerspenstiger Gemüter. Seiner Beliebtheit hat bis heute nichts den Rang abgelaufen. Im Garten wie in den Hallen, die mit allerhand volkstümlichem Reimwerk verziert sind, drängen sich Einheimische neben Touristen.
Für ein kurzes Wegstück folgt dieser Spaziergang der Müllner Hauptstraße stadteinwärts, auf das Klausentor (1612) zu, zweigt aber einiges vorher links über eine Treppe zum Radler- und Fußgängerparcours an der Salzach ab. Den Fluß entlang führt der Weg Richtung Altstadt.
An der Brunnenfigur beim Kinderspielplatz biegt ein Pfad Richtung Markuskirche, vormals Ursulinenkirche ab. Weiter geht es über die Müllner Hauptstraße in die Gstättengasse, hart am Mönchsbergfelsen entlang.

8 DIE URSULINEN – EIN BERGSTURZ UND SEINE STÄDTEBAULICHEN FOLGEN, Gstättengasse

Eigene Bergputzer sind angestellt, um die Stadt vor Felsabbrüchen der Mönchsbergwand zu schützen. In der Vergangenheit ereigneten sich mehrfach schwere Unglücksfälle. Die größte Katastrophe datiert auf die Nacht des 16. Juli 1669, als ein regelrechter Bergsturz über die *Gstätten* prasselte und diese unter sich begrub. Der Schuttberg soll so hoch gewesen sein, daß man von der Salzach auf den Mönchsberg klettern konnte, und es vergingen 10 Jahre, bis dieser beseitigt war. In seinen Trümmern begraben lagen die *Maria im Berg Kapelle* (Gstättengasse 43), die 1616/17 erbaute Markuskirche, das Priesterseminar, 13 Wohnhäuser und 220 Tote.
Erzbischof Johann Ernst Graf Thun berief seinen Hofarchi-

Neubau des Ursulinen-Gymnasiums.

tekten Johann Bernhard Fischer von Erlach zum Wiederaufbau, der dabei wesentliche Umgestaltungen vornehmen sollte. Das neu errichtete Priesterhaus kam auf dem Makartplatz an einen sicheren Standort, fernab der Steinschlagweite des Mönchsbergfelsens. Dafür wurden die Ursulinen dem unberechenbaren Berg anvertraut. (Und die mußten es nicht bereuen.) 1699–1705 entstand die Markus-/Ursulinenkirche und anstelle des zerstörten Markusspitals an der Stirnseite der Gstättengasse wurde 1707 bis 1727 das Klostergebäude der Ursulinen errichtet.
Etwas von diesem steinernen Druck des Mönchsbergs spürte auch Bettina von Arnim, die 1810 Salzburg besuchte und darüber später in „Goethes Briefwechsel mit einem Kinde" bemerkte:
Mit der Nacht waren wir in Salzburg, es war schauerlich, die glattgesprengten Felsen himmelhoch über den Häusern hervorragen zu sehen, die wie ein Erdhimmel über der Stadt schwebten im Sternenlicht, – und die Laternen, die da mit all den Leutlein durch die Straßen fackelten, und endlich die vier Hörner, die schmetternd vom Kirchturm den Abendsegen bliesen, da tönte alles Gestein und gab das Lied vielfältig zurück. – Die Nacht hatte in dieser Fremde ihren Zaubermantel über uns geworfen, wir wußten nicht, wie das war, daß alles sich beugte und wankte, das ganze Firmament schien zu atmen, ich war über alles glücklich, Du weißt ja, wie das ist, wenn man aus sich selber, wo man so lange gesonnen und gesponnen, heraustritt ganz ins Freie.

DER SCHULORDEN DER URSULINEN, Am stadtseitigen Ende der Gstättengasse
Die bürgerlichen Reformbestrebungen im Schulbereich konzentrierten sich ursprüng-

lich auf Anstalten für Knaben. Die gehobene Mädchenerziehung blieb in kirchlicher Obhut. Die einzigen staatlichen Schulen, die Mädchenbildung über dem Niveau der Elementarschulen anboten, waren das k. u. k. Offizierstöchterinstitut (gegr. 1775) und das k. k. Zivilmädchenpensionat (gegr. 1786) in Wien.
Vergleichsweise umfangreich nehmen sich demgegenüber die Aktivitäten der Schulorden aus, allen voran jene der Ursulinen, die seit dem 17. Jahrhundert gezielte Maßnahmen in Richtung Mädchenbildung setzten. Auf ihre Initiative entstanden in allen größeren österreichischen Städten Mädchenschulen und Pensionate, nach Klagenfurt, Linz, Graz und Innsbruck 1695 in Salzburg.
Erzbischof Johann Ernst Graf Thun bezweckte damit die *bessere Auferziehung der Jugend weiblichen Geschlechts*. Die erste Schulniederlassung befand sich auf den Arenberggründen des Bürglsteins. Es folgte die Übersiedlung in die Gstättengasse, 1910 kam es hier zum Neubau der zum Gymnasium erhobenen Mädchenschule. Die Priorin M. Josepha Zaruba hatte dafür ab 1892 die notwendigen Schritte gesetzt: Ankauf des Areals, Neubau der Schule und Einrichtung, Kanalbau und Elektrifizierung.
Heute befindet sich diese traditionsreiche Mädchenschule in Salzburg-Elsbethen.

9 MUSEUM CAROLINO AUGUSTEUM, Museumsplatz 6

Von der Gstättengasse sind es nur wenige Schritte Richtung Salzach bis zum Salzburger Museum Carolino Augusteum. 1834 von Vinzenz Maria Süß ins Leben gerufen, um eine akut drohende Abwanderung der Sammelbestände nach Linz zu verhindern, konnte es sich unter der Patronanz von Kaiserinwitwe Caroline Auguste als Institution und Kunstsammlung etablieren. Der einzige Raum, im städtischen Magazingebäude am Gries, der dafür zur Verfügung stand, erfuhr sukzessive seine Erweiterung zum mehrgeschossigen Stadtmuseum, das inzwischen mehrere Außenstellen aufweist. – Monatsschlößl, Burgmuseum auf der Festung Hohensalzburg, Domgrabungsmuseum und das Spielzeugmuseum.

CAROLINE AUGUSTE (1792–1873), Kaiserinwitwe und Wohltäterin Salzburgs

Mehrfach hat die Stadt Salzburg ihre Schuldigkeit gegenüber Caroline Auguste, verehelicht mit dem Habsburger Kaiser Franz I., durch entsprechende Namensgebungen abgegolten, damit eine Karolinenhöhe geschaffen, eine Karolinenbrücke, errichtet zwischen Justizgebäude und dem Villenviertel von Parsch-Aigen, und ein Museum, dessen latinisierte Namensform *Carolino Augusteum* seine weibliche Stifterfigur ins Unpersönliche ausblendet.
Caroline Auguste hat für das Gedeihen dieser Stadt viel getan, oft und freigiebig Geld für Erziehungswesen und Bildung lockergemacht und sich dazu persönlich der Prosperität ihrer Förderungen vergewissert.
Ihre erste Begegnung mit Salzburg fiel in eine Zeit, als die Stadt ihrem Vater, König Max I. Joseph von Bayern, untertan war. Als Schwester Ludwigs von Bayern, Generalgouverneur des Inn- und Salzachkreises, der am 15. Juni 1811 im Schloß Mirabell als neuer, von Napoleon gestützter Hausherr die Herrschaft über Salzburg antrat, nahm sie, knapp zwanzigjährig, an den Feierlichkeiten teil. 1814, ihre erste Ehe war soeben gescheitert, verbrachte sie in Salzburg einige unbeschwerte Sommerwochen, die sie in der Rückschau *zu den glücklichsten meines Lebens* zählte. 1816, Salzburg kam in diesem Jahr zu Österreich, hielt der zum drittenmal verwitwete habsburgische Kaiser Franz I. um ihre Hand an, und wider Erwarten wurde es eine glückliche Ehe. Sie blieb je-

Porträt Caroline Auguste.

doch kinderlos und endete bereits 1835 mit dem Tod des kaiserlichen Gemahls.
In den langen Jahrzehnten ihrer Witwenschaft intensivierte Caroline Auguste ihre Rolle der *höchsten Wohltäterin* für Salzburg und machte damit so manchen Schaden gut, den Stadt und Land unter dem bayerischen Protektorat erlitten hatten. Im Revolutionsjahr 1848 suchte sie in Salzburg Zuflucht, nahm ihren Aufenthalt in der Residenz und führte dort ein geselliges Leben. Von da an kehrte sie alljährlich für längere Zeit zurück, festigte ihre Beziehung zur Stadt durch ihr karitatives Wirken und suchte dazu die persönliche Kontaktnahme.
Als 1850 Salzburg in den Rang eines selbständigen habsburgischen Kronlandes erhoben wurde, war das öffentlich-politische Interesse an der Kaiserin-Witwe entsprechend groß.

Vom Anton-Neumayr-Platz erstreckt sich in Richtung Staatsbrücke die Griesgasse, wo auf Nr. 4, es ist das vierte Haus linker Hand, mit dem Geburtshaus von Irma von Troll-Borostyáni, der Zielpunkt dieses Spaziergangs erreicht ist. Aus Anlaß ihres 150. Geburtstages plant die Stadt Salzburg eine Gedenktafel im Hof des Hauses anzubringen, die an die kämpferische Frauenrechtlerin erinnert.

10 GEBURTSHAUS IRMA VON TROLL-BOROSTYÁNI, Griesgasse 4

Am 31. März 1847 gebar Josefine von Troll eine Tochter, das vierte und letzte ihrer Kinder, und ließ sie auf den Namen Marie taufen. Der Ehemann, ein Angestellter der Südbahngesellschaft, war, seinem Naturell wie seinem Beruf entsprechend, häufig abwesend, die Mutter folglich mit den Kindern viel allein.

IRMA VON TROLL-BOROSTYÁNI (1847–1912), Frauenrechtlerin und Schriftstellerin

1862 wurde die 15jährige Marie in die Klosterschule am Nonnberg eingeschrieben. Der auf Normierung zielende Unterricht, mehr als klösterlicher Gewahrsam denn als Entwicklungschance

Irma von Troll-Borostyáni.

erlebt, sollte ihr schlecht bekommen.

Es war vielleicht schon genug für die Hüter und Hüterinnen alter Sitte, daß die junge Troll keinen Gretchenzopf trug, sondern ihr Haar in Halshöhe abschneiden ließ, schrieb Hans Widmann rückblickend im Jahr 1914, um die von Marie Troll erlebte Ausgrenzung mittels Logik zu fassen. Die Jugendliche litt an der Salzburger Provinz, an ihrer Enge und bevormundenden Konventionalität und flüchtete 1870 nach Wien, um sich zur Pianistin ausbilden zu lassen. Als sie 12 Jahre später nach Salzburg zurückkehrte, um ihrer sterbenden Mutter beizustehen, nannte sie sich mit Vornamen Irma, hatte heiratsbedingt einen ungarischen Nachnamen und dazu einen Namen als Schriftstellerin und Kämpferin für Frauenrechte, seit 1878 ihr erstes Buch „Die Mission unseres Jahrhunderts. Eine Studie über die Frauenfrage" für Aufsehen, einigen Beifall und viel Ablehnung gesorgt hatte. Sie zog in das Haus ihrer Jugendfreundinnen Baumgartner in der Riedenburgstraße 7, heute Bayernstraße 8, wo sie ihre Tätigkeit als Schriftstellerin fortsetzte, dabei Sozialkritik in literarische Form übersetzend. Als Provokation nahm das kleingeistige Salzburg nicht nur ihre kämpferische, kompromißlose Haltung in Frauenfragen hin, ebenso *aneckend* empfand man ihr Engagement im „Salzburger Freidenkerverein", ihren „Katechismus für die Frauenbewegung" und ihr maskulines Erscheinungsbild, das kurze Haar, die Masche auf dem Hemd, das Sakko, die Herbheit der Stimme, den männlichen Gang. Dazu spiel-

te *die Troll* Tarock und Whist, war begeisterte Schwimmerin, Eisläuferin, Bergsteigerin.
War ihr Dasein eben geduldet, so hat man ihrer literarischen Arbeit wie ihren Forderungen zur Frauenfrage nicht nur die Anerkennung, sondern vor allem auch eine Form der Auseinandersetzung verweigert, die nicht auf Skandalisierung ausgerichtet war. Eine gewisse Ausnahme bildete dabei die Künstlergruppe PAN, der auch der junge Georg Trakl angehörte. Bei den Treffen im Keller des Hotels Roter Krebs, wo die erwachte, nonkonformistische, am Naturalismus orientierte Provinzkunst zu Gesprächsrunden, Lesungen und musikalischen Abenden zusammenkam, gehörte ihr, allein schon altersbedingt, die Rolle der *grauen Eminenz*, die dialektisch geschult und rhetorisch souverän die Diskussion leitete.
Irma von Troll-Borostyáni starb 65jährig, am 10. Februar 1912, an einem Gehirnschlag. Auf ihrem Grabstein im Salzburger Kommunalfriedhof ließ die Schwester Wilhelmine eine Tafel mit Gedenkschrift anbringen: *„Die tapfere Bahnbrecherin der Frauenbewegung"*.

ROUTE 6

Lustreise per Rad nach Schloß Hellbrunn

Residenzplatz (Fahrradverleih) – Kaigasse – Schanzlgasse – Petersbrunnstraße – Parkplatz Nonntal – Freisaal – Hellbrunner Allee – Schloß und Park Hellbrunn

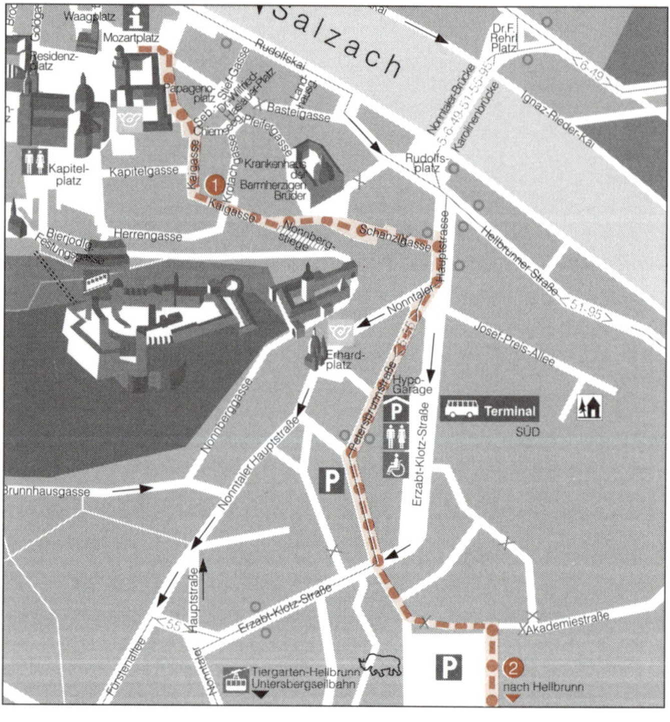

1 Römischer Tempel der Hygieia
2 Schloß Freisaal
3 Frohnburg
4 Emsburg
5 Schloß Hellbrunn
6 Wasserspiele Hellbrunn
7 Monatsschlößl Waldembs
8 Kaiserin-Elisabeth-Denkmal

Der Weg führt vom Residenzplatz (Fahrradverleih) durch das Kaiviertel nach Nonntal. In einer S-Schleife verlaufend erreicht die Kaigasse bei Kajetanerkirche und Justizgebäude ihren Endpunkt. Die Schanzlgasse bezeichnet den ursprünglichen Verlauf der Stadtmauer und kreuzt die stark befahrene Petersbrunnstraße. Die Route verläuft nach rechts, bis zum Parkplatz Nonntal an der Akademiestraße und dann weiter nach Freisaal. Dieser Abschnitt umfaßt ein Wiesengelände sowie ein gleichnamiges Wasserschlößchen (1549), das als Zeremonienort bei Bischofsernennungen einigen historischen Stellenwert hatte. Unmittelbar danach, mit Überquerung der Hofhaymer Allee, biegt die Route in die für jeden Verkehr mit Motorfahrzeugen gesperrte Hellbrunner Allee ein, die unter uraltem Baumbestand, an Schlößchen (Frohnburg, Emsburg) vorbei und zwischen Wiesen auf Hellbrunn zuführt. Es ist dies der mutmaßlich schönste Spazierweg, den die Stadt zu bieten hat. Als Erbauer von Schloß Hellbrunn ist Erzbischof Markus Sittikus (1612–1619) anzusprechen, ein Vetter und ursprünglicher Günstling Wolf Dietrichs. Mit diesem Bau erreichte die zuvor eher bescheidene Salzburger Architektur, wie sie noch das Schloß Altenau (und spätere Mirabell) zeigte, eine neue Größenordnung. Architekt Santino Solari schuf hier in Orientierung an den Villen Palladios ein erstes Gartenschloß nördlich der Alpen. Wasserspiele und Gartengestaltung hatten seinerzeit nur in den Villenbauten Italiens vergleichbare Gegenstücke.

Die Route beginnt…

An der Ostseite des Mozartplatzes mündet, auf das ehemalige, salzachseitige Michaelertor zulaufend, die Kaigasse ein. Von dem römischen Handwerkerviertel, das vor zwei Jahrtausenden die ersten Kaibewohner stellte, sind noch viele Grundmauern archäologisch faßbar. Ein Tempel war dem römischen Heilgott Asklepios geweiht.

1 RÖMISCHER TEMPEL DER HYGIEIA, Kaigasse 33

Nach der Chronik des Hotels „Kasererbrau" in der Kaigasse 33 stand hier ursprünglich ein

Tempel zu Ehren der Göttin Hygieia. Diese griechische Göttin der Gesundheit war nach mythologischer Überlieferung eine Tochter des Heilgottes Asklepios. Wir leiten von ihrem Namen unser Wort für Hygiene ab.
Die nächste Sehenswürdigkeit auf dem Weg nach Hellbrunn ist Schloß Freisaal.

2 SCHLOSS FREISAAL – ZEREMONIENORT, Freisaalweg

Beim Parkplatz Nonntal geht das Stadtgebiet unvermutet in das freie Wiesengelände von Freisaal über. Das Wasserschloß in seiner heutigen Gestalt stammt aus der Mitte des 16. Jahrhunderts und zeigt im ersten Stock ein Fresko (1558) mit dem feierlichen Einzug des gewählten Erzbischofs Michael von Kuenburg in die Stadt Salzburg. Das Bauwerk ist heute in Privatbesitz und nicht zu besichtigen.
Nach altem Rechtsbrauch war Schloß Freisaal oder *Freudensaal* Ausgangspunkt für den feierlich prozessoralen Ritt eines neu gewählten Erzbischofs in die Residenz. Als Refugium mit lieblicher Naturkulisse hat es sich bereits im Mittelalter ausgezeichnet, wie ein Liebesbrief von Erzbischof Pilgrim II. von Puchheim zum besten gibt, gesendet *dem allerlibsten schönsten Weib in Freudensaal*. Er trägt die Jahreszahl 1392. Das Schlößchen, das damals noch inmitten der ungezähmten Salzachauen lag, war Schauplatz zahlreicher Feste, die im Verein mit Minnesängern, Dichtern und Lautenschlägern abgehalten wurden.
Schloß Freisaal grenzt bereits an die Verkehrsstraße Hofhaymer Allee. Jenseits davon verläuft unter altem Baumbestand die Hellbrunner Allee. Schnurgerade, vorbei an einigen prunkvollen Gebäuden führt sie auf die Schloßanlage Hellbrunn zu.

3 DIE FROHNBURG, Hellbrunner Allee 53

Linker Hand zur Allee steht hinter einer Gartenmauer die Frohnburg. Um 1670 erbaut, war sie bis 1956 Kuenburgscher Besitz. Seither dient sie Studenten des Mozarteums als Unterkunft und dem Orff-Institut als Schulgebäude. Bemerkenswert ist der Barockbrunnen im Hof, der aufgrund seiner ungewöhnlichen Motivwahl selbst in der reichen Salzburger Brunnenkultur einen besonderen Platz einnimmt. Über dem Muschelschalengranter befindet sich ein großköpfiger Delphin als Wasserspeier, den eine Frau, das Kinn auf die Stirn des Delphins gepreßt, mit beiden Armen umklammert. Dessen Schuppenleib wiederum ringelt sich um den akrobatisch emporgereckten Mädchenkörper, von dem nur die Waden sichtbar sind. Der Delphin war ein beliebtes Bildmotiv der Antike, das in der Renaissance zu neuem Ansehen kam. Einige hundert Meter weiter steht rechts der Allee die Emsburg.

4 DIE EMSBURG, Hellbrunner Allee 52

1616–1618 errichtete Markus Sittikus, der seine kurze Regierungszeit mit einer kolossalen Reihe von Repräsentationsbauten schmückte, für Johann Siegmund von Mabon, Leibgardeleutnant des Erzbischofs, nach florentinischem Vorbild dieses Landschlößchen, das nur von außen zu bewundern ist. Charakteristisch ist der sockelartige Unterbau, über den sich die von Obelisken gekrönte Villa erhebt.
Warum aber baut ein Erzbischof seinem Gardeleutnant ein Schlößchen, nur ein paar Schritte entfernt von seinem eigenen fürstlichen Gartenschloß? Nun, der Gardeleutnant Mabon hatte eine schöne Frau. Ihr Bild ist im Oktogon von Schloß Hellbrunn zu sehen.
Während Wolf Dietrich für sein Familienleben ein vergleichsweise bescheidenes Refugium schuf, gestaltete Markus Sittikus, der erste Förderer des Salzburger Theaterlebens, preziose Spielräume zur Inszenierung seines Hoflebens.
1949 gelangte das hübsche, feudale Anwesen der Emsburg in das Eigentum der um das österreichische Bildungswesen verdienten Halleiner Schulschwestern.
Schloß Emslieb, bereits in unmittelbarer Nähe des Eingangs von Schloß Hellbrunn, 1618 für einen Neffen von Markus Sittikus errichtet, befindet sich heute in Privatbesitz.

5 SCHLOSS HELLBRUNN (→)

1613–1615 wurde es als ein Ort für höfische Feste mit Musik- und Theaterdarbietungen, aber auch als Rückzugs- und Erholungsort in unmittelbarer

Stadtnähe erbaut. Bauherr war Erzbischof Markus Sittikus, Baumeister Santino Solari.
In der Anlage verschmelzen Architektur und Landschaft zu einem kunstvollen Gefüge. Dazu gehören Schloß und Nebengebäude, die stilisierten Beete und Weiher im barocken Schloßgarten, dann die Heckenzüge und Baumreihen der englischen Parklandschaft und schließlich die Wasserspiele mit dem römischen Theater. Künstliche Grotten und automatische Spielwerke setzen Organisch-Naturhaftes und Mechanisch-Artifizielles nebeneinander. Die mythenreichen Wasserspiele werden von einer Vielzahl natürlicher Quellen gespeist.
Überall begegnen allegorische Figuren, die barocken Opern entlehnt sind oder weibliche Gottheiten in Marmor darstellen. – Venus, Diana, eine Moosgöttin, Ceres, Luna, Minerva, Flora u. a. Sie verwandeln diesen Garten in ein szenisches Geschehen. Reichlich vertreten sind auch die Wappentiere der Stadt, Löwe, Steinbock und Einhorn.
Im weiteren Umfeld dieses *idealen Ortes* finden sich Tiergarten (→) und Hellbrunnerberg, wo mit dem Steintheater das erste Naturtheater nördlich der Alpen geschaffen wurde. Es faßte erstaunliche 500 Gäste.
Zu finden ist es auf dem Spazierweg entlang dem Hellbrunnerberg.

Das kleine Meerweib

Das kleine
Meerweib schläft winters
im dämmrigen Pavillon
hinter den Riegeln
es träumt:
meine Wasserpirole
verstummt, meine Triller.
Nur Schnee wirbelt
kalte Alleen hinab
die Weiher
stehn brüchig und starr
um den Nabel
des Tritons.

Juliane Windhager (1912–1986)

Schloß Hellbrunn verfügte als Landschloß nach dem Typus der *Villa suburbana* über kein prunkhaftes Interieur. Vieles von seiner ursprünglichen Einrichtung ist zudem verschwunden. Ästhetisch bezwingend ist die Schlichtheit seines Baukörpers, die zugleich mit Kunststücken von illusionistischer Spielart überrascht.

Über den Oktogonpavillon, der als Musikzimmer in Verwendung stand und dafür mit Bildmotiven aus Musik und Theater geschmückt war, schrieb der Chronist und erzbischöfliche Biograf Johann Stainhauser, es sei dies *ein achteggetes überhochtes Zimer; zu oberist sieht man ein achteggets Thiernlein mit Fenstern*. Die Wandfelder zeigen Jagdvögel, Musikanten, Hofdamen und Höflinge, umrahmt von Laubwerk und Säulen.

Auf diesen von Donato Mascagni geschaffenen Wandgemälden spiegeln sich Leitbilder und Alltag des Theater- und Musikförderers Markus Sittikus. Darauf abgebildet ist neben anderen Hofdamen Katharina von Mabon, an der Seite des weltlich höfisch gekleideten Erzbischofs. Dieser steht soeben im Begriff, ihr eine rote Nelke zu überreichen. Kulturhistorisch interessanter ist ein zweites Bildfeld dieser Wand, mit der Abbildung einer attraktiven Sängerin. Zwischen zwei Musikern, die sie mit Langhalslaute und Fiedel begleiten, schreitet sie, eine Straußenfeder im Haar, die Lippen zum Liedvortrag

Schloß Hellbrunn, Oktogon. Wandmalerei von Arsenio (Donato) Mascagni, um 1615.

geöffnet, in leichtem Tanzschritt in den Saal.

Ein Brief des salzburgischen Untermarschalls Thomas Perger von Emslieb an den Neffen von Markus Sittikus, den Grafen Jakob Hannibal, vom 6. September 1617, berichtet von zwei musikdramatischen Aufführungen, „Santa Christina" und „Andromeda". Darin heißt es, die Tochter des Herrn Brecht aus Konstanz, die die Rolle letzterer ausführte, habe sich *aus der maßen wohl erzeigt*.

Zu beziehen ist diese Briefstel-

le auf die legendäre *Prechtin*, die mutmaßlich erste deutschsprachige Opernsängerin, die in dem Salzburger Erzbischof, einem Liebhaber der Oper, einen einflußreichen Gönner gefunden hatte. Und möglicherweise nicht nur das.
In diese Richtung deutet ein zweites Kunstwerk mit persönlichem Hintergrund in dem anspielungsreichen Wundergarten Hellbrunns.

6 WASSERSPIELE HELLBRUNN, zwischen Schloß und Parkplatz (→), ORPHEUSGROTTE

Nur wenige Schritte vom Römischen Theater entfernt, also noch im Eingangsbereich der Wasserspiele, befindet sich die Orpheusgrotte. Sie wurde als

Orpheusgrotte in den Wasserspielen.

ein Standbild der gleichnamigen Oper hier errichtet, wohl zum Andenken an die erste Salzburger Aufführung dieses *Dramma per Musica*. Die mit Tuffstein verblendeten Wände umgeben das mythische Liebespaar. Orpheus, hingebungsvoll seine Geige streichend, steht aufrecht in der Mitte. Eurydike, zu seinen Füßen in süßem Schlaf befangen, trägt ein Medaillon um den Hals, das deutlich die Züge von Markus Sittikus zeigt. Was die Frage aufwirft – wen sollte diese schlafende Schöne verewigen?
Katharina von Mabon, die Geliebte des Erzbischofs? Oder doch, was durch die Motivwahl sinnvoller erscheint, die erste Darstellerin der Eurydike, also jene *Prechtin*, von der nicht viel mehr bekannt ist als der Vater, der Konstanzer Oberküchenmeister und Stadtamtmann, Hans Konrad Precht? Weder der Vorname noch die musikalische Laufbahn dieser *ersten* Opernsängerin, die am erzbischöflichen Hof begeisterten Beifall fand, ist überliefert. Im Vordergrund dieser Orpheusgrotte lauschen die erzbischöflichen Wappentiere, Löwe und Steinbock.

VENUSGROTTE
Gegenüber dem mechanischen Theater gibt es eine weitere Inszenierung einer antiken Mythe zu entdecken. Die Göttin der Liebe, mit Amor und zwei wasserspeienden Schildkröten in ihrer Begleitung, hat ihren rechten Fuß auf den Kopf eines Delphins gestützt. Dieser formt mit seinem breiten Maul den Wasserstrahl der Quelle zu einer Glocke, unter der, auf Wochen hinaus frisch, ein Blumenstrauß steht. – Ein kleiner, wirkungsvoller Kunstgriff gegen die Vergänglichkeit des Schönen wie der Wirkung Amors.

7 MONATSSCHLÖSSL WALDEMBS, Hellbrunnerberg

Waldembs, über dem Park auf dem Waldrücken des Hellbrunnerbergs, wurde 1615 zur Überraschung für den durchreisenden Erzherzog Maximilian von Österreich, Statthalter von Tirol, binnen wenigen Wochen errichtet. Architekt war wieder Santino Solari. Für die bauliche Rekordzeit erhielt es die Bezeichnung „Monatsschlößchen".
Heute ist darin das Volkskundemuseum (→) untergebracht, wo neben Brauchtumsexponaten eine reiche Trachtensammlung über Kleiderluxus, Kleiderverbote, Kleidersorgen und Kleidernöte der Altsalzburgerinnen Auskunft gibt.
Derselbe Aufgang führt zum Tiergarten (→) und dann weiter den Kamm entlang zum Steintheater. Eine Wanderung über den Hellbrunnerberg nimmt etwa eine Stunde in Anspruch und würde diese Route mit einem Waldspaziergang abschließen. Wer bereits müde ist, versäume auf dem Rückweg trotzdem nicht einen Abstecher zum Denkmal der Kaiserin Elisabeth.

8 KAISERIN-ELISABETH-DENKMAL

Nahe dem Eingang, vom stilisierten Barockgarten etwas zurückversetzt in den stilleren Winkel des Nutzgartens, steht die von Edmund Helmer entworfene Skulptur der Kaiserin „Sisi". Sie war ursprünglich am Bahnhofsplatz aufgestellt und wurde später hierher versetzt.
Salzburgs Anschluß an das Eisenbahnzeitalter war mit der Fertigstellung der *Kaiserin Elisabeth Westbahn* im Sommer 1860 erfolgt. Die entsprechende Würdigung der reise-

Kaiserin-Elisabeth-Denkmal.

lustigen Kaiserin durch ein Denkmal war daher konsequent.

Der Zufall fügte dem noch eine besondere Bedeutung hinzu. Auf einer schlichten Parkbank vor dem mondänen, im 2. Weltkrieg zertrümmerten *Hotel Europe* hielt sie Rast, das letzte Mal auf österreichischem Boden, bevor sie den Zug nach Genf bestieg, wo ein Attentat ihrem Leben ein Ende setzte.

Ein Gemeinderatsbeschluß könnte die Rückkehr der Statue auf den erneuerten Bahnhofsvorplatz herbeiführen.

Erika Giovanna Klien (1900–1957), eine der Hauptvertreterinnen des Wiener Kinetismus, verbrachte wichtige Jahre ihres künstlerischen Schaffens in Salzburg. In den Jahren 1926–1929 leitete sie die Zeichenklasse der Elizabeth-Duncan-Schule in Kleßheim, die auf einer Reformpädagogik aufbaute, in deren Zentrum die Befreiung der Frau stand. Erika Giovanna Klien war vom Unterrichtsmodell zwar begeistert, litt aber unter der Trennung von Wien. Während ihrer Salzburger Jahre schickte sie regelmäßig an ihre Freunde den „Kleßheimer Sendboten", ein Journal mit persönlichen Notizen und kinetischen Illustrationen.

Frauen unterwegs in Salzburg

Die folgenden Tips und Adressen wollen Sie aufmerksam machen auf spezielle Angebote für Frauen in Salzburg: von Kulturstätten bis zu Restaurants, von Serviceeinrichtungen bis zu Geschäften.
Es sind ganz persönliche Insiderinnen-Tips – abgegeben von Salzburgerinnen und ergänzt durch die PartnerInnen des Frauentourismus-Projektes „best for ladies" (Stand 1999), die speziell gekennzeichnet sind. *f*
Aufgenommen wurden keine Filialisten (McDonalds, Benetton, Escada, etc.), und außerdem sind die Tips – bis auf einige Ausnahmen – auf die Innenstadt und einige angrenzende Stadtteile beschränkt.
Spezielle Angebote für Kinder erkennen die Leserinnen am „*k*".
Die Empfehlungen für kulinarische Adressen sind ebenso subjektiv wie die Auswahl an Einkaufstips. Bei den Museen, Theatern, Galerien und Kulturstätten haben wir (fast) alles aufgelistet, was Salzburg zu bieten hat. Die aktuellen Programme (z. B. Stadtleben) geben zusätzlich Auskunft darüber, ob vielleicht sogar das Theaterstück einer Autorin auf dem Spielplan steht (immerhin sind zwei Theater unter weiblicher Führung!) oder ob eine Ausstellung in einer Salzburger Galerie einer Künstlerin gewidmet ist (heiße Tips sind der Salzburger Kunstverein, die Galerie Fotohof und die Galerie 5020!).
Es mag vorkommen, daß die Gästinnen und Käuferinnen nicht immer die gleichen Erfahrungen machen wie die heimischen „Tip-Geberinnen". Falls Ihre Erlebnisse besonders positiv oder negativ sind, dann richten Sie Ihre Anregungen und Beschwerden bitte an: „best for ladies", Wilhelm-Kress-Straße 19, A-5020 Salzburg, damit sie in der nächsten Auflage berücksichtigt werden können.

Inhalt

Vorwahl für Salzburg 43/662

Infostelle/ Kartenbüro

Salzburg Information
Auerspergstraße 7, Tel. 88987-0
Mozartplatz 5, Tel. 88987-0
Zimmervermittlung:
88987-314 bis 318

KARTENBÜRO
Salzburg Ticket Service
Mozartplatz 5, Tel. 840310

Kartenzentrale Polzer
Residenzplatz 3, Tel. 846500

Serviceeinrichtungen speziell für Frauen

Büro für Frauenfragen und Gleichbehandlung des Landes Salzburg
Hellbrunner Straße 7,
Tel. 8042-3400

Frauenbüro der Stadt Salzburg
Schloß Mirabell, Tel. 8072-2044

Frauenhaus Salzburg
Tel. 458458

FrauenKulturVerein kultur-spur
Lasserstraße 6,
Tel. 871639

Frauennotruf
Haydnstraße 2, Tel. 881100

Frauentourismusprojekt „best for ladies"
Kontaktadresse in Salzburg:
Dr. Isabella Klien, Wilhelm-Kress-Straße 19, Tel. 438709-2

Frauenzentrum – Verein VIELE
Auerspergstraße 51, Tel. 870211
Kommunikations- und Kulturzentrum für Ausländerinnen

Initiative Frau & Arbeit
Beratungsstelle zum beruflichen Wiedereinstieg
Franz-Josef-Straße 16,
Tel. 880723

ISIS – Gesundheit und Therapie für Frauen
Willibald-Hauthaler-Straße 12,
Tel. 442255

WWW – Women Welcome Women
Kontaktadresse in Salzburg:
Elisabeth Candido, Alfred-Bäck-Straße 2, Tel. 828864

Frau mobil

Stadtrundfahrten
Salzburg Panorama Tours
Mirabellplatz/Andräkirche,
Tel. 874029

Fahrradverleih
Velo-Active
Residenzplatz (Frühjahr bis Herbst), Tel. 435595

Frauenparkplätze
In den Mönchsberggaragen, in der Parkgarage Linzergasse und am Salzburg Airport.

Sammeltaxis
Nach Betriebsende der öffentlichen Verkehrsmittel, Abfahrt Hanuschplatz bzw. Theatergasse, Preis: öS 30,– pro Frau.

Stadtführungen für Frauen

1. Salzburger Weibsbilder
2. Von Hebammen & Hexen, Geliebten und Göttinnen
Geführte Altstadtrundgänge
Geschichte und „Gschichtln" über bekannte und unbekannte Salzburgerinnen stehen im Mittelpunkt dieser Streifzüge durch die Jahrhunderte.
3. Auf den Spuren von Dichterinnen (per Rad)
Information und Anmeldung:
„best for ladies", Tel. 438709-2.

Museen

Haus der Natur
Museumsplatz 5, Tel. 842653
täglich 9.00 Uhr bis 17.00 Uhr
Vom Großaquarium bis zur Weltraumhalle: lebendige Darstellung von Mensch und Tierwelt, beliebt bei Kindern aller Altersstufen.

Mozarts Geburtshaus
Getreidegasse 9, Tel. 844313
täglich 9.00 Uhr bis 18.00 Uhr (Juli bis September 9.00 Uhr bis 19.00 Uhr)
Museum in der Wohnung der Familie Mozart.

Mozarts Wohnhaus
Makartplatz 8, Tel. 88940-40
täglich 10.00 Uhr bis 18.00 Uhr
Multimedialer Einblick in Leben und Werk von Wolfgang Amadeus Mozart. „Nannerl"-Zimmer

Residenzgalerie
Residenzplatz 1, Tel. 840451
täglich 10.00 Uhr bis 17.00 Uhr, (Oktober bis Jänner Mi geschlossen)
Frauenspezifische Führung nach Voranmeldung bzw. Museumsrundgang mit Info-Blatt „Wen verführst Du, Thamar? – Bemerkenswerte Frauengemälde".

Rupertinum
Wiener-Philharmoniker-Gasse 9, Tel. 8042-2541
täglich (außer Mo) 10.00 Uhr bis 17.00 Uhr, Mi 10.00 Uhr bis 21.00 Uhr
Salzburger Landesmuseum für Moderne Kunst; Österreichische Fotogalerie.

Salzburger Museum Carolino Augusteum
Museumsplatz 1–6, Tel. 841134
Di bis So 9.00 Uhr bis 17.00 Uhr, Do 9.00 Uhr bis 20.00 Uhr
Frauenspezifische Führung nach Voranmeldung bzw. Museumsrundgang mit Info-Blatt „Die Frau in der Kunst – Heilige und Sünderinnen".

Spielzeugmuseum
Bürgerspitalgasse 2, Tel. 847560
Di bis So 9.00 Uhr bis 17.00 Uhr
Von der Puppenstube bis zur Modelleisenbahn von anno dazumal: Spielsachen aus drei Jahrhunderten.
Di/Mi um 15.00 Uhr Kasperltheater.

Stiegl's Brauwelt in der Stieglbrauerei zu Salzburg
Bräuhausstraße 9, Tel. 8387-1492
Mi bis So 10.00 Uhr bis 17.00 Uhr
Frauenspezifische Führung „Das Erbe der Braumeisterinnen" nach Voranmeldung.

Trachtenmuseum
Griesgasse 23, Tel. 843119
Di bis Fr 10.00 Uhr bis 12.00 Uhr, 14.00 Uhr bis 16.00 Uhr,
Sa 10.00 Uhr bis 12.00 Uhr
Werktags- und Feiertagstrachten aus Stadt und Land Salzburg.

Trakl-Forschungs- und Gedenkstätte
Waagplatz 1a, Tel. 845289
Besichtigung nur bei Führungen (jeweils Mo bis Fr, 11.00 und 14.00 Uhr)
Zeugnisse aus Leben und Werk im Geburtshaus des Dichters Georg Trakl.

Volkskundemuseum Monatsschlößl
Hellbrunner Hügel, Tel. 820003-21
April bis Oktober, täglich 9.00 Uhr bis 17.00 Uhr
Volkskultur des Landes Salzburg.

Schloß Hellbrunn
Tel. 8203720
Besichtigung im Rahmen von Führungen möglich von Mitte Mai bis Mitte Oktober halbstündlich, in der übrigen Zeit stündlich.

Wasserspiele Hellbrunn
April bis Oktober 9.00 Uhr bis 16.30 Uhr; Nachtführungen; Juli und August 17.00 Uhr bis 22.00 Uhr.

Galerien

Galerie Academia
Residenzhof, Tel. 845185
Di bis Fr 10.00 Uhr bis 12.30 Uhr, 14.30 Uhr bis 18.00 Uhr, Sa 10.00 Uhr bis 18.00 Uhr, So 10.00 Uhr bis 13.00 Uhr
Arrivierte, internationale Kunst.

Galerie Altnöder
Sigmund-Haffner-Gasse 3,
Tel. 841435
Di bis Fr 14.30 Uhr bis 18.00 Uhr, Sa 10.00 Uhr bis 13.00 Uhr
Entdecker und Förderer junger KünstlerInnen.

Galerie Eboran
Ignaz-Harrer-Straße 19
Di bis Fr, 18.00 Uhr bis 20.00 Uhr
Unkonventionelle, junge KünstlerInnen.

Galerie Fotohof
Erhardplatz 3, Tel. 849296
Mo bis Fr 15.00 Uhr bis 19.00 Uhr, Sa 10.00 Uhr bis 13.00 Uhr
Ausstellungen von internationalen und österreichischen FotokünstlerInnen.

Galerie Franziskanergasse
Franziskanergasse, Tel. 845913
Di bis Fr 10.00 Uhr bis 13.00 Uhr, 15.00 Uhr bis 18.00 Uhr, Sa 10.00 Uhr bis 13.00 Uhr
Aquarelle und Graphiken mit Salzburg-Schwerpunkt.

Galerie im Traklhaus
Waagplatz 1a, Tel. 8042-2149
Di bis Fr 14.00 Uhr bis 18.00 Uhr, Sa 10.00 Uhr bis 13.00 Uhr
Fördergalerie des Landes Salzburg.

Galerie Ropac
Kastvilla, Mirabellplatz 2, Tel. 881393
Di bis Fr 10.00 Uhr bis 18.00 Uhr, Sa 10.00 Uhr bis 14.00 Uhr
Topadresse für international renommierte Künstler.

Galerie Seywald
Sigmund-Haffner-Gasse 7–9, Tel. 840426
Di bis Fr 9.30 Uhr bis 12.00 Uhr, Sa 10.00 Uhr bis 13.00 Uhr
Flora-Spezialist, Salzburger Künstler.

Galerie der Stadt Salzburg im Mirabellgarten
Mo bis Fr 14.00 Uhr bis 18.00 Uhr
Fördergalerie für Salzburger und internationale KünstlerInnen.

Galerie Weihergut I
Biberngasse 31, Tel. 821830
Mo bis Fr 14.00 Uhr bis 18.00 Uhr, Sa und So 10.00 Uhr bis 13.00 Uhr

Galerie Weihergut II
Linzergasse 25, Tel. 879119
Mo bis Fr 10.00 Uhr bis 12.30 Uhr, 15.00 Uhr bis 18.30 Uhr, Do bis 20.00 Uhr, Sa 10.00 Uhr bis 17.00 Uhr
Salzburgs größte Privatgalerie mit Standorten in der Innenstadt und in wunderschönem Gutshof in Morzg.

Galerie Welz
Sigmund-Haffner-Gasse 16, Tel. 841771
Mo bis Fr 9.00 Uhr bis 12.30 Uhr, 14.30 Uhr bis 19.00 Uhr, Sa 9.00 Uhr bis 12.30 Uhr, So 10.00 Uhr bis 12.30 Uhr
Traditionsreiche Galerie, vorwiegend klassische Moderne; Café-Treff für Künstler; große Auswahl an Kunstbüchern.

Galerie 5020
Sigmund-Haffner-Gasse 12/I, Tel. 848817
Di bis Fr 14.00 Uhr bis 18.00 Uhr, Sa 10.00 Uhr bis 13.00 Uhr
„Startgalerie" für junge Salzburger KünstlerInnen.

Künstlerhaus
Hellbrunner Straße 3, Tel. 842294
Di bis So 12.00 Uhr bis 19.00 Uhr
Sitz des Salzburger Kunstvereins, zahlreiche Ateliers für KünstlerInnen; ambitioniertes Ausstellungsprogramm unter der Leitung von Hildegund Amanshauser.

MaxKunst
Steingasse 16, Tel. 882949
Di bis Fr 14.00 Uhr bis 18.00 Uhr, Sa 10.00 Uhr bis 12.00 Uhr

Theater/Musik/ Kulturstätten

Das Kino – Salzburger Filmkulturzentrum
Giselakai 11, Tel. 873100
Einziges Programmkino Salzburgs – Cinéastinnen-Treffpunkt.

Elisabethbühne
Petersbrunnhof, Erzabt-Klotz-Straße 22, Tel. 8085-0
Zweitgrößte Schauspielbühne, unter weiblicher Intendanz (Renate Rustler-Ourth); klassisches und modernes Schauspiel, Kinderstücke, „Jazz im Theater" u. a.

Kulturgelände Nonntal
Mühlbacherhofweg 5, Tel. 848784
Breitgefächertes Angebot an Kulturveranstaltungen (Vorträge, Theater, Musik, Kinderprogramm, etc.).

Landestheater und Kammerspiele
Schwarzstraße 22, Tel. 871512
Traditionsbühne für Schauspiel, Operette und Oper; Jugendtheater in den Kammerspielen.

Literaturhaus Salzburg
Strubergasse 23, Tel. 439588
Im historischen Eizenbergerhof „kommt das leben zur sprache" bei Literaturveranstaltungen und Ausstellungen; Media- und Bibliothek.

Marionettentheater
Schwarzstraße 24, Tel. 872406
Spielzeit: Mai bis Oktober, Weihnachten, Mozartwoche (Jänner), Ostern
Marionetten spielen zu Aufnahmen weltberühmter Orchester und Sänger das Repertoire eines großen Opernhauses (Schwerpunkt Mozart); Leitung: Grete Aicher.

Rockhouse Salzburg
Schallmooser Hauptstraße 46, Tel. 884914
Livemusik diversester Stilrichtungen.

Stadtkino
Anton-Neumayr-Platz 2, Tel. 843448
„Raum für Ereignisse" vom Tanzfestival bis zum Clubbing.

Stiegl's Braugewölbe
Bräuhausstraße 9, Tel. 8387-0
Veranstaltungsort für Kabarett, Brauchtum und Feste (Braukunstfest, Vollmondfest etc.).

TOI Haus
Franz-Josef-Straße 4, Tel. 874439
Experimentelles Theater für Kinder und Erwachsene unter der Leitung von Myrto Dimitriadou.

Urban Keller
Schallmooser Hauptstraße 50, Tel. 870894
Idealer Ort für Freundinnen von Jazz-Musik.

Festspiele/Festivals/ Sommerakademie

Internationale Sommerakademie für Bildende Kunst
Postfach 18, Tel. 842113
5 Wochen breitgefächertes Kursangebot von A wie Architektur bis Z wie Zeichnen; Geschäftsführerin Dr. Barbara Wally bringt internationale Künstlerinnen als Klassenleiterinnen nach Salzburg (Nancy Spero, Marie Jo Lafontaine, Nan Goldin, Nan Hoover u. a.).

Mozartwoche (Jänner)
Stiftung Mozarteum
Schwarzstraße 26, Tel. 873154
Festival mit Werken von Salzburgs berühmtestem Sohn.

Szene Salzburg (Juli)
Anton-Neumayr-Platz 2,
Tel. 843448
Junges Festival mit Schwerpunkt Tanztheater.

Salzburger Festspiele
(Juli/August)
Kartenbüro, Hofstallgasse 1,
Tel. 8045-0
Salzburgs Traditionsfestival im Sommer.

Hotels & Pensionen

„BEST FOR LADIES"-HOTELS

**** **Austrotel Salzburg**
Mirabellplatz 8, Tel. 881688-0
Persönlich-familiäres Hotel gegenüber Schloß Mirabell und Mirabellgarten.

**** **Dorint Hotel Salzburg**
Sterneckstraße 20, Tel. 882031
Freundliches Hotel im Atriumstil; ideal für „automobile" Frauen.

**** **Novotel Salzburg City**
Franz-Josef-Straße 26,
Tel. 882041
Zentrale Lage in der rechten Altstadt, familienfreundlich!

**** **Altstadt-Hotel Wolf Dietrich**
Wolf-Dietrich-Straße 7,
Tel. 871275
Kleines, elegantes Altstadt-Hotel in absolut ruhiger Lage mit Hallenbad.

*** **Hotel garni Markus Sittikus**
Markus-Sittikus-Straße 20,
Tel. 871121
Kleines, familiär geführtes Hotel garni; zentrale Lage in der Nähe des Bahnhofes.

ÜBRIGE HOTELS/PENSIONEN

**** **Hotel Zum Hirschen**
St.-Julien-Straße 21–23,
Tel. 889030
Angenehmes Hotel in Bahnhofsnähe mit Sauna.

**** **Hotel garni Rosenvilla**
Höfelgasse 4, Tel. 621765
Kleines, feines Hotel in Salzburgs Stadtteil Aigen, individuelle und persönliche Betreuung.

**** **Maria Theresien Schlößl**
Morzger Straße 87, Tel. 820191
Romantisches Schloßhotel mit Jugendstil-Interieur in verträumtem Park nahe von Schloß Hellbrunn.

*** **Blaue Gans**
Getreidegasse 43, Tel. 841317
Günstiges, gutbürgerliches Hotel in der Getreidegasse.

*** **Panorama-Hotel Stein**
Giselakai 3–5, Tel. 874346
Wohnen an der Staatsbrücke in original 50er-Jahre-Ambiente.

*** **Pension Nonntal**
Pfadfinderweg 6–8, Tel. 829134

Kleine Pension in ruhiger Gartenlage mit gemütlichem Gartenrestaurant, 10 Gehminuten von der Altstadt.

*** **Pension Wolf**
Kaigasse 7, Tel. 8434530
Zentral gelegene, gemütliche Frühstückspension.

** **Haus Wartenberg**
Riedenburger Straße 2,
Tel. 844284
Die etwas andere, gemütliche Pension, preiswert, 10 Gehminuten von der Altstadt.

Restaurants

Café-Restaurant Toskana
Sigmund-Haffner-Gasse 22,
Tel. 8044-6909
Öffentlich zugängliche Uni-Mensa im neu renovierten Toskanatrakt – traumhafte Lage mitten in der Altstadt.

Die Birne
Alter Markt 2 (1. Stock),
Tel. 844543
Nettes Lokal mit günstigen Preisen.

„Die Weiße" Weißbierbrauerei
Rupertgasse 10, Tel. 872246
Salzburgs einzige Weißbierbrauerei lädt ein zu deftiger Hausmannskost. Im Sommer beliebter Treffpunkt im Gastgarten.

Goldener Zirkel
Papagenoplatz, Tel. 841106
Preiswerte, österreichische Küche; im Sommer netter Schanigarten.

Haus Wartenberg
Riedenburger Straße 2,
Tel. 848400
Gemütliche Wirtsstube, schöner Gastgarten, köstliches Essen.

Krimpelstätter
Müllner Hauptstraße 31,
Tel. 432274
Eines der ältesten Salzburger Wirtshäuser mit wunderschönem Gastgarten, Bier vom benachbarten Augustiner Bräu, Salzburger Schmankerl.

K+K Restaurant am Waagplatz
Waagplatz 2, Tel. 842156
Gemütliche Stuben in Salzburger Patrizierhaus; Erstes Salzburger Schmaustheater im Freysauffkeller.

Naturfreundehaus Mönchsberg – Gasthof Bürgerwehr
Mönchsberg 19, Tel. 841729
Preiswertes Essen in einzigartiger Lage auf dem Mönchsberg mit Blick auf die Altstadt.

Purzelbaum
Zugallistraße 7, Tel. 848843
Kleines Gourmetlokal mit romantischem Rosengarten im Nonntal.

s'Herzl
Herbert-von-Karajan-Platz 7,
Tel. 8084-889
Gehobene Salzburger Hausmannskost in rustikalem Ambiente.

Triangel
Wiener-Philharmoniker-Gasse 7,
Tel. 844765

Außerhalb der Ferienzeit mittags Mensa, abends beliebtes Eßlokal.

AUS FREMDEN KOCHTÖPFEN

Canton – China Restaurant
Neutorstraße 9, Tel. 845464
Gehobenes Chinarestaurant mit ausgezeichneter Küche in edlem Ambiente.

Fujiya – Japanische Spezialitäten
Eberhard-Fugger-Straße 11, Tel. 645522
Japanische Oase mit köstlichen Gerichten am Fuße das Kapuzinerbergs.

Kushi Haji – Japanisches Restaurant
Innsbrucker Bundesstraße 54, Tel. 436148
Köstlichkeiten für Freundinnen von rohen und gekochten Fischen und Meerestieren.

Lin's Garden – China Restaurant
Leopoldskronstraße 1, Tel. 846356
Besondere Spezialität: Teigtaschen in Bambuskörbchen.

Ogartl
Pfadfinderweg 6–8, Tel. 829507
Gemütliches (Winter-)Gartenrestaurant mit mediterraner Küche.

Pan e Vin
Gstättengasse 1, Tel. 844666
Alle Köstlichkeiten Italiens in kleinem, feinem Lokal.

Prosciutteria „Grissini"
Elisabethstraße 1, Tel. 876217

BREZENSUPPEN

Zwiebel
Kümmel
Knoblauch
Schmalz oder Butter
Fleischbrühe
Salz
Pfeffer
4 Eier
Brezerl
Parmesan

Hacke eine Zwiebel gantz klein, gibt ein wenig Kümmel und Knoblauch dazu und roste alles gut in Schmalz oder Butter ab. Dann wird gute Fleischbrühe hinzugegossen. Wenns genug gekocht hat, seih es ab und würz es mit Salz und Pfeffer. Gieß die Suppen auf zerbrochene große und ganze kleine Brezen. schlag vier Eyer dazu, gib heißes Schmalz darauf und streu genug Parmesan-Käß darüber.

Italienisches Lokal mit Feinkostladen, große Auswahl an Prosciutto und Anitpasti.

Weißes Kreuz
Bierjodlgasse 6, Tel. 845641
Balkanspezialiäten in idyllischem Seitengäßchen unterhalb der Festung.

Beisln/ In-Lokale/Bars

Arge Nonntal
Mühlbacherhofweg 5, Tel. 848784
Vereinslokal des Kulturgeländes Nonntal, gutes und preiswertes

Essen, schöner Gastgarten, beliebter Studententreffpunkt.

Brauhausgastwirtschaft „Zur Rosi"
Steinbruchgasse 1, Tel. 846848
Wirthaus mit Vorstadt-Atmosphäre in Zentrumsnähe; Gastgarten mit alten Kastanien und Salettl.

CaféCult
Hellbrunnerstraße 3, Tel. 845601
Kleine Oase in künstlerischer Umgebung, kreative Speisekarte, bodenständige und mediterrane Küche, spezielle Frühstücksangebote im Design von Elsa Prochazka.

Café Stein – Dachterrasse Hotel Stein (nur in den Sommermonaten)
Giselakai 3–5, Tel. 874346
Schönster Blick auf die Altstadt in original 50er-Jahre-Ambiente.

EINE GUTE BIER-SUPPEN

Bier
4 Eidotter
Rahm
Butter
kleinwürfelig geschnittenes Brot

Man soll gutes Bier nehmen, und wann es gar bitter und stark ist mit Wasser mischen. Darunter vier Eydotter absprudeln und einen guten Rahm. Alles wohl miteinander abklopfen und sieden bis mans anrichten will. Dann lass ein gutes Stückel Butter darein zergehen. bäh ein würfelgeschnitten Brodt, darauf mans anricht.

Café Wernbacher
Franz-Josef-Straße 5, Tel. 871460
Überbleibsel aus den 50ern, Oma mit Hut neben Angestellten und Künstlern beim typisch österreichischen Mittagsmenü; große Auswahl an internationaler Presse.

Fasties Im-Biss
Pfeifergasse 3, Tel. 844774
Beste tramezzini, hervorragende Imbisse, Frühstück in mehreren Varianten.

Felice
Dr.-Franz-Rehrl-Platz 3,
Tel. 646900
Café, wine and music in „blauer" Atmosphäre.

Fridrich
Steingasse 15, Tel. 876218
Winziges Szene-Lokal mit hervorragenden Weinen und Musik.

Hombre
Priesterhausgasse 22, Tel. 870526
Tapas-Bar, spanische und südamerikanische Weine.

Klim-Bim
Priesterhausgasse 20, Tel. 873877
Gelungene Mischung aus Café-Bar und Antiquitätenladen; kostenlos Surfen im Internet.

Perkeo
Priesterhausgasse 20, Tel. 870899
Ausgezeichnete Küche und hervorragende Weine in familiärer Atmosphäre.

Petersbrunnhof
Erzabt-Klotz-Straße 22,
Tel. 8085-50

Regionale Schmankerl, vegetarische Gerichte, preisgünstiges Mittagsbuffet.

Resch & Lieblich
Toskaninihof 1, Tel. 843675
„Concessionierter Ausschank gebräuter geistiger Getränke"; Most, Bier, Wein und Imbisse.

Shakespeare
Hubert-Sattler-Gasse 3, Tel. 879106
Günstige Mittagsmenüs, u. a. asiatische Küche.

Shrimps Bar
Steingasse 5, Tel. 874484
„Lax" und andere Fischspezialitäten

SALZBURGER NOCKERLN

5 Eier
4 EL Staubzucker
Mehl
2 EL Milch
3 EL Butter
geriebene Zitronenschale (Limonischalen)

Nihm fünf mal das weiß von den Eyern und schlags mit drey großen Löffelvoll feinsten Zucker, bis es ganz fest ist. hernach gib drey Eyerdotter, etwas Mehl und wenig zerriebene Limonischalen hinzu. Richt ein Schüssel, darein gib drey Stücklein Butter, groß wie ein Nuß, eyn großen Löffelvoll Zucker und wenig Milch und laß erhitzen. Stich aus der Eyermassa große Nocken und legs in die Schüssel, backs bis zu schön braun sind. Zuletzt bestreus mit feinstem Zucker.

bei guter Musik und Kerzenlicht; Riesenauswahl an Zeitschriften.

Strobl-Stüberl
Rainerstraße 11, Tel. 877357
Für den Hunger nach 24 Uhr, auch für Nachtschwärmerinnen.

Trattoria Sog
Erzabt-Klotz-Straße 21,
Tel. 831827
Pizze und andere vorwiegend italienische Köstlichkeiten, beliebter Treffpunkt ehemaliger Studenten.

Wasserfall
Linzergasse 10, Tel. 873331
Leichte Kost am Hocker oder im Felsenrestaurant bei plätscherndem Wasser.

Kaffeehäuser/ Konditoreien

Café Bazar
Schwarzstraße 3, Tel. 874278
Altes Kaffeehaus im Wiener Stil, wunderschöne Terrasse an der Salzach.

Café Fingerlos
Franz-Josef-Straße 9, Tel. 874213
Leichte, bekömmliche Kuchen und Torten vom Patisserie-Weltmeister Fingerlos, Geheimtip: Fingerlos-Frühstück!

Café Hagenauer
Universitätsplatz 14, Tel. 842657
Kaffeehaus im Biedermeierstil, köstliche Kuchen, im ersten Stock von Mozarts Geburtshaus.

Café Bazar, 1908. Temperabild von Theodor Josef Ethofer.

Café Ratzka
Imbergstraße 45, Tel. 640024
Erste Adresse für Torten und Kuchen – ein unbedingtes Muß für Naschkatzen.

Café Rupertinum
Sigmund-Haffner-Gasse 22,
Tel. 849414
Galeriecafé mit gemütlichen Sofas, Wohnzimmeratmosphäre.

Café Tomaselli
Alter Markt 9, Tel. 844488
Altes Kaffeehaus im Wiener Stil mit Terrasse und Kiosk. Insiderinnen trinken Hauskaffee, dazu Kuchen serviert vom „Kuchenmädchen".

Konditorei Fürst
Brodgasse 13, Tel. 843759
Erfinder der echten Salzburger Mozartkugel (Verpackung silber mit blauer Schrift).

Konditorei Schatz
Getreidegasse 3a, Schatzdurchhaus, Tel. 842792
Konditorei im Zuckerbäckerstil, hervorragende Confiserie.

Café „Maria Theresia" und Gartenterrasse „Apollo" im Hotel Schloß Mönchstein
Mönchsberg-Park 26, Tel. 848555
Jeden Samstag und Sonntag um 15.00 Uhr Harfenmusik in einzigartiger Atmosphäre (Ausnahme Anfang Februar bis Mitte März).

Sacher Confiserie
Schwarzstraße 5–7,
Tel. 88977-559
Nur hier erhält frau die Original-Sachertorte.

Feinkost

Feinkost Kölbl
Theatergasse 16, Tel. 872423
Tee- und Kaffee-Import; internationale Spezialitäten, italienische Vorspeisentheke.

Feinkost Reichl
Wiener-Philharmoniker-Gasse 3,
Tel. 842753
Feine Auswahl von österreichischen und internationalen Spezialitäten.

Flaschengeist
Schanzlgasse 2, Tel. 845916
Weine, Schnäpse und andere flüssige Köstlichkeiten aus Österreich.

La Dispensa
Steingasse 27, Tel. 877433
„Speisekammer" mit italienischen Spezialitäten und kleinen Gerichten – Geheimtip für italophile Frauen.

Scio'sche Spezereyen aus Österreich
Sigmund-Haffner-Gasse 16, Tel. 841638
Charmante Mischung von Delikatessengeschäft, Imbiss-Stube und Szene-Treff.

Sporer
Getreidegasse 39, Tel. 845431
Alteingesessene Salzburger Spirituosenerzeugung, bester Orangenpunsch der Stadt. Weinessig aus dem Faß.

Natürliches

Ährlich
Wolf-Dietrich-Straße 7, Tel. 871275-39
1. lizenziertes Bio-Restaurant Österreichs, köstliche Bioküche aus kontrolliert biologischem Anbau.

Bio Terra
Rupertinum, Sigmund-Haffner-Gasse 22, Tel. 849414
Erstes vegetarisches Bistro Salzburgs, italienische Köstlichkeiten, täglich wechselnde Speisekarte.

Naturkostladen Gfrerer
Lasserstraße 18, Tel. 881660
Große Auswahl an Bioprodukten; günstige, vegetarische Mittagsmenüs.

Reformhaus Mayreder
Universitätsplatz 13, Tel. 843129
Alteingesessenes Reformhaus mit umfassendem Angebot; nebenan eigener Naturkosmetikladen.

Schranne
Bauernmarkt rund um die Andräkirche jeden Donnerstag Vormittag.

Gesundheit/ Schönheit

Cosmetic Inge Mayer
Villa Ceconi am Müllnersteg, Tel. 434337
Schönheitssalon und Verwöhnangebote in Gründerzeitvilla

Regina Kotzmaier – Personal Stylistin
Kaiser-Karl-Straße 2, Tel. 831532
Outfit-Beratung und Garderoben-Einkauf.

Massageinstitut Sporrer
Andreas Hofer Straße 21, Tel. 450634
Ausgezeichnete Massage, beliebte Sauna.

topfit frauen-fitness
„ZIB" Zentrum im Berg, Fürbergstraße 18–20, Tel. 646465

Einziges Fitness-Studio Salzburgs speziell für Frauen.

FRISEURE

haaremacher
Paracelsusstraße 2, Tel. 877329
Trendiger Frisiersalon mit tollem Service.

Harald Strauss für Haare
Imbergstraße 13, Tel. 878908
Junges Team propagiert natürliche Haarpflege.

Mario Krankl
Judengasse 11, Tel. 844298
Szenefrisuren vom Friseur-Weltmeister.

Sturmayr
Hanuschplatz 1, Tel. 842211
„Ausgezeichneter" Trendsetter unter Salzburgs Friseuren.

Szenhaario
Lasserstraße 12, Tel. 877265
Gute Schnitte von jungem Friseurteam.

Antiquitäten

Antiquitäten im Franziskanerkloster
Franziskanergasse 5a, Tel. 845210
U. a. schöner alter Schmuck.

Deco Art
Wiener-Philharmoniker-Gasse 1, Tel. 841752
Schmuck (Topadresse für Bakelit) und Glas aus dem Art Deco.

Eccli
Gstättengasse 23, Tel. 843631
Alter Schmuck.

Michael Menzel
Bürgerspitalplatz 5, Tel. 843393
Alte Stiche.

Johann Müller
Hildmannplatz 1a , Tel. 846338
Alte Graphik.

Maria Pintar
Dreifaltigkeitsgasse 4, Tel. 874410
Alter Schmuck.

Bücher

Buchhandlung Neugebauer
Petersbrunnstraße 12, Tel. 849655
Besonders umfangreiche Kinder- und Jugendbuchabteilung.

Buchhandlung Paracelsus
Steingasse 47, Tel. 882675
Breites Angebot an Esoterik- und Naturheilkundebüchern.

Buchhandlung Motzko – Reise
Rainerstraße 24,
Tel. 883311-55
Erste Reise-Buchhandlung Salzburgs.

Bücher Stierle
Kaigasse 1/Mozartplatz,
Tel. 840114
Topadresse für Reiseliteratur.

Dombuchhandlung
Kapitelplatz 6, Tel. 842148
Breitgefächertes Sortiment von

Sachbüchern, große Auswahl an frauenspezifischen Büchern.

Rupertus-Buchhandlung
Dreifaltigkeitsgasse 12,
Tel. 878733
Größtes Angebot an Belletristik; eigene Wissenschaftsabteilung.

ANTIQUARIAT
Antiquariat Weinek
Steingasse 14, Tel. 882949,
Alte Bücher und Stiche in altem Gemäuer, modern gestylt.

CDs/Platten

Lotus Records
Pfeifergasse 4, Tel. 849128
Spezialist für esoterische Musik, Jazz und klassische Musik des 20. Jahrhunderts.

Musikladen
Ferdinand-Hanusch-Platz 1,
Tel. 842652
Breites Sortiment (auch Schallplatten) an Rock, Pop, Folk, Jazz.

Musikhaus Katholnigg
Sigmund-Haffner-Gasse 16,
Tel. 841451
Traditionelles Salzburger Musikhaus, umfangreiches Klassikangebot.

Designerläden/ Geschenkartikel/ Wohnen/Blumen

Astrein
Pfeifergasse 5, Tel. 845754
Außergewöhnliche Pflanzenkreationen und ausgefallenes Klein-Design.

BlattwerkBlumenLiberty
Gstättengasse 11, Tel. 840145
Kreative Blumenkunstwerke aus Frauenhand.

Das Körbchen
Pfeifergasse 9, Tel. 845422
Korbwaren in allen Variationen; Papeterie im Körbchen.

Das Licht
Hildmannplatz 1a, Tel. 846490
Große Auswahl an italienischen Designer-Lampen; individuelle Beratung und Anfertigung.

Hab & Gut
Kaigasse 1, Tel. 849876
Geschirr und anderes Nützliches für Heim & Herd.

Interior Design
Imbergstraße 22, Tel. 643267
Trendige Möbel, Textilien und Wohnaccessoires (u. a. Teppiche der Salzburger Künstlerin Andrea Nührig-Reiser).

Kitsch und Kunst
Wolf-Dietrich-Straße 6a,
Tel. 874540
Geschenke und „alles fürs Heim" im alpenländischen Landhausstil.

Mobiliar
Neutorstraße 11, Tel. 844608
Zeitlos wohnen mit klassisch modernen Möbeln (u. a. Teppiche von Nührig-Reiser).

Noblesse – Bad und Bett
Neutorstraße 28, Tel. 848465
Stilvolle Accessoires rund um Bett und Bad (u. a. Teppiche von Nührig-Reiser).

Scheicher
Neutorstraße 18, Tel. 849478
Möbelhaus der klassischen Moderne.

Schöner Wohnen
Imbergstraße 51–55, Tel. 640474
Konventionelle, hochqualitative Inneneinrichtung.

Sine Tempore
Goldgasse 11, Tel. 841276
Personal Classics auf zwei Altstadtetagen.
Neutorstraße 22, Tel. 846882
Kunstvoll dekorierte Gründerzeit-Räume mit Wohnaccessoires.

Wohnen mit Tradition
Am Neutor, Hildmannplatz 6, Tel. 849366
Möbel und Wohnaccessoires im Landhausstil.

ZIB2 am Gewölbe
Linzergasse 26, Tel. 870476
Geschenke aus aller Welt: vom ätherischen Öl bis zum Designerglas.

Traditionelles Kunsthandwerk

Johann Nagy & Söhne
Linzergasse 32, Tel. 882524
Werkstatt für künstlerische Wachswaren; original Salzburger Honiglebkuchen.

Salzburger Heimatwerk
Residenzplatz 9, Tel. 844110
Original Salzburger Kunsthandwerk, Stoffe und Trachten.

Salzburger Zinnstube
Goldgasse 8, Tel. 845188
Zinnwaren nach alten Formen aus dem alpenländischen Raum, schöner Christbaumschmuck.

Kleidung

Adriano Centro
Getreidegasse 3 (Schatzdurchhaus), Tel. 848774
Klassische, italienische Mode.

Bolero
Mirabellplatz 5, Tel. 882910
Tragbare Mode zu günstigen Preisen.

Boutique Marie Claire
Schwarzstraße 18, Tel. 882717
Klassische Mode für die Frau jeden Alters.

Boutique Mona
Linzergasse 11, Tel. 885784
Kleines, feines Sortiment mit gutem Preis/Leistungsverhältnis.

Boutique Vogue
Linzer Gasse 70, Tel. 882330
Kleiner, schmucker Laden mit preiswerter Kleidung.

Da Mona
Steingasse 9, Tel. 882554
Unkonventionelle, ausgefallene

Mode in angenehmer Atmosphäre.

Dantendorfer
Getreidegasse 33, Tel. 843261
Traditionelles Salzburger Modegeschäft mit klassischer, sportlicher Kleidung und Accessoires.

Ennsmann
Getreidegasse 31 und 21,
Tel. 842395
Exklusive Kleider und Lederwaren.

Juva
Universitätsplatz 16 (Schatzdurchgang), Tel. 845376
Für Freundinnen der Designer-Labels Kenzo, Montana und Strenesse Group.

Luise Lipp
Makartplatz 3–4, Tel. 883428
Flott-elegante Mode für Business-Women.

Penny Lane
Munzgasse 2, Tel. 846155
Junge Designmode von Helmut Lang über Hugo bis D&G.

Resmann
Rudolfskai 6/Getreidegasse 25,
Tel. 841213
Topadresse für internationale Labels von Jil Sander bis Yves Saint Laurent.

TRACHTENMODE

Madl
Universitätsplatz 12, Tel. 845457
Exklusive Trachtenmode; Haute-Couture-Schneiderei.

Salzburger Marktfrau

Trachten Forstenlechner
Mozartplatz 4, Tel. 843766
Vom Walkjanker bis zum Dirndl alles was das Trachtenherz begehrt.

Trachten Lanz
Schwarzstraße 4, Tel. 874272
Alteingesessenes Salzburger Trachtenmodengeschäft mit eigener Erzeugung („Lanz-Dirndl“).

Trachten Stassny
Getreidegasse 35, Tel. 842357
Klassische und junge österreichische Trachtenmode.

MODE FÜR MOLLIS

In allen u. a. Geschäften: zuvorkommende Betreuung mit Getränken, Kaffee, Tee etc.

Mode by Tschina
Ernest-Thun-Straße 12,
Tel. 876017
Preiswerte Mode, gute Bedienung, bis Größe 46.

Mode Ingrid Grünauer
Maxglaner Hauptstraße 1b,
Tel. 834463
Junge, sportive, lässige Mode.

Pia Antonia
Schallmooser Hauptstraße 14,
Tel. 882508
Fachgeschäft für Mode ab Größe 42, aufmerksame Bedienung, gut sortiert.

Dessous

Grazia Wäscheboutique
Linzergasse 19, Tel. 884551
Vorwiegend italienische Dessous, äußerst nette, kompetente Beratung „all'italiana".

Veronika unschuldige Dessous
Schwarzstraße 21, Tel. 870456
Verführerisches aus Satin und Seide, tolle Bademode.

Schmuck

Marietta
Getreidegasse 46, Tel. 840380
Ausgefallener Schmuck aus edlen Materialien.

Schwaighofer
Giselakai 15, Tel. 871127
Ankauf, Verkauf und Tausch von Münzen, Schmuck und Uhren.

SCHMUCKDESIGNERINNEN

Gunda-Maria Cancola: Schmuck – Formen am Körper
Bergstraße 11, Tel. 878088
Unkonventioneller Schmuck in ebensolchem Laden.

Daniela Korpasch
Griesgasse 6, Tel. 840262
Gold- und Silberschmuck mit Halbedelsteinen.

Margaretha Niel
c/o Boutique Da Mona,
Steingasse 9, Tel. 882554
Schlichter, tragbarer Schmuck, vorwiegend aus Silber.

Schuhe

Denkstein
Getreidegasse 3, Tel. 841234
Getreidegasse 25, Tel. 843724-44
Am Platzl, Tel. 842264-32
Denkstein Boutique,
Getreidegasse 46, Tel. 843724-45
Magli, Ferragamo, Casa Dei, Prada, Stephane Kelian u. a.

Tagwerker
Getreidegasse 19, Tel. 847585
Traditionsreiches Schuhhaus mit großer Auswahl.

Taschen

Hladik
Schanzlgasse 6, Tel. 840401
Kleiner Familienbetrieb, freundlich und bemüht; gute Beratung.

Koffercenter Fritsch
Sterngäßchen 6, Tel. 842642
Brics, Mandarina Duck u. a.; eigene Taschenkollektion.

Lederhaus Schliesselberger
Lederergasse 5, Tel. 873182
Traditionsreiches Lederwarengeschäft, eigene Taschnerei und Gürtelerzeugung.

Schnäppchen/ Second Hand

Dantendorfer
Neutorstraße 10, Tel. 8457350
Klassiker zu unklassischen Preisen; nur nachmittags geöffnet!

Denkstein – Mezzo Prezzo
Sterngäßchen 5
Abverkauf von Markenschuhen; nur nachmittags geöffnet!

Exquisit – Second Hand Shop
Hildmannplatz 6, Tel. 849806
Designer Labels zu stark reduzierten Preisen und Kollektionsabverkäufe.

Mode Circel – Second Hand Shop/TAO Möbel
Roseggerstraße 19, Tel. 442755
Verkauf von gesammelter Altkleidung und Trödel.

Second Hand Exclusiv
Schwarzstraße 33, Tel. 879102
Noble Second-Hand-Mode zu konkurrenzlosen Preisen.

Tips für Salzburg mit Kindern

Haus der Natur
siehe Seite 119.

Spielzeugmuseum
siehe Seite 119.

Spielzeugschachtel
Schrannengasse 16, Tel. 873101
Beratung, Verkauf, Spielparadies, Kinderbuchladen.

Schloßpark von Hellbrunn
Beliebtes Ausflugsziel für groß und klein (Tip: mit dem Rad durch die Hellbrunner-Allee)

* Tiergarten Hellbrunn
  Tel. 820176
  täglich ab 8.30 Uhr
* Große Spiel- und Liegewiese mit Abenteuerspielplatz.

Frauenspuren

14 STATIONEN AUF DEN SPUREN BEDEUTENDER SALZBURGERINNEN

Frauen hinterlassen in der Geschichte wenig sichtbare Spuren. Weder in Geschichtsbüchern noch im öffentlichen Erscheinungsbild wird ihrer gedacht. Dies hat die Frauenbeauftragte der Stadt Salzburg, Dagmar Stranzinger, und den Salzburger Bürgermeister Heinz Schaden veranlaßt, gemeinsam mit dem Kulturamt der Stadt Salzburg das Projekt „Frauenspuren" zu initiieren. Berühmte Frauen finden dadurch eine späte Ehrung. Durch Gedenktafeln, die an den Wohn- oder Geburtshäusern bzw. an der Stätte ihres Wirkens angebracht sind, soll die Erinnerung an jene Frauen und ihr Leben wieder wachgerufen werden. Das vorliegende Stadt- und Reisebuch diente den „Frauenspuren" als Quelle.

Die Stationen:

1. **CAROLINE AUGUSTE:** Museum Carolino Augusteum, Museumsplatz 1
2. **BARBARA THENN:** Badergäßchen 2
3. **IRMA VON TROLL-BOROSTYÁNI:** Griesgasse 4
4. **MARIE MÖSNER:** Getreidegasse 28
5. **SALOME ALT:** Sigmund-Haffner-Gasse 6
6. **BARBARA KRAFFT:** Waagplatz 6
7. **HL. ERENTRUDIS:** Stift Nonnberg/Nonnberggasse 2
8. **ADELE UND HERMINE ESINGER:** Mönchsberg 6
9. **AGNES MUTHSPIEL:** Mönchsberg 9
10. **ANNA BERTHA KÖNIGSEGG:** Salzachgäßchen 3
11. **HEXENTURM:** Wolf-Dietrich-Straße 19/Paris-Lodron-Straße 16
12. **ANNA MILDENBURG:** Schloß Arenberg, Arenbergstraße 8–10
13. **FRIDERIKE VON WINTERNITZ:** Nonntaler Hauptstraße 49
14. **ROSA HOFMANN:** Moserstraße 10

Weitere Informationen im Folder „Frauenspuren", erhältlich beim Frauenbüro der Stadt Salzburg, Schloß Mirabell, 5024 Salzburg, Tel. ++43/662/8072-2044.

best for ladies

Frauen reisen anders!

Das Frauentourismusprojekt „best for ladies"

Salzburg einmal anders erleben, unter einem völlig neuen Gesichtspunkt entdecken, das bietet das Frauenreiseunternehmen „best for ladies". Vor drei Jahren von den Salzburgerinnen Isabella Klien und Paula Koppensteiner gestartet, ist es nunmehr fixer Bestandteil des touristischen Angebots der Mozartstadt. Aber nicht Mozart & Co. waren es, die die beiden Salzburgerinnen auf den Plan gebracht haben, sondern die vielen interessanten – bekannten und unbekannten – Frauen, die das kulturelle, wirtschaftliche und politische Leben der Stadt mitgeprägt haben und mehr denn je gestalten.

STADT- UND REISEBUCH, FÜHRUNGEN, VERWÖHNPROGRAMM

„Frauen reisen anders!" lautet der Slogan, unter dem „best for ladies" seine Angebote an die Frau bringt. wie z. B. das vorliegende Stadt- und Reisebuch „Salzburg für Frauen". Oder die Stadt- und Museumsführungen und die Literadtour, die ein Eintauchen in die weibliche Kulturgeschichte ermöglichen und Unerhörtes und Unerwartetes ans Tageslicht bringen. Fürs persönliche Wohlbefinden gibt's ein abwechslungsreiches Verwöhnprogramm mit Entspannungsmassage am Hotelzimmer, Besuch bei einer Personal Stylistin und geführten Einkaufstouren.

WEIBLICHE WOCHENENDEN UND WOCHEN

Freundinnen unkonventioneller Urlaube buchen die Weiblichen Wochenenden und Wochen: und das nicht nur in Salzburg, sondern auch in Wien und Graz.

Neu sind Angebote für geschäftsreisende Frauen, Frauengruppen und Frauen mit Kindern.

Info: best for ladies, Dr. Isabella Klien, Wilhelm-Kress-Straße 19, A-5020 Salzburg, Tel. ++43/662/438709-2, Fax 438709-4, E-mail: info@best-for-ladies.at, www.best-for-ladies.at

Textnachweis

ROUTE 1:
S. 13: Briefe Mozarts, Teil I, S. 239
S. 15ff.: Briefe Mozarts, Teil II, S. 235f.
S. 22: Nora Watteck, In Salzburg erzählt man ..., S. 104f.
S. 29: Rose Ausländer.
S. 34: Hermann Spies, S. 37f.
ROUTE 2:
S. 45ff.: Meine liebste Madam, S. 160f.
S. 52: Tagebuch, Pichler, S. 39
S. 53: Stift Nonnberg, S. 56
S. 54: Christine Busta, S. 96
S. 55ff.: Anna Bahr-Mildenburg, S. 142f.
S. 59: Irma von Troll-Borostyáni, S. 184
ROUTE 3:
S. 62: Stefan Zweig, S. 100
S. 63: ibid., S. 94
S. 63: Johanna Schuchter, S. 99
ROUTE 5:
S. 86: Johanna Maria Sedelmaier, S. 99
S. 90: Johanna Schuchter, S. 83
S. 91: Irene von Schellander, S. 7
S. 93ff.: Gerhard Amanshauser, „Agnes Muthspiel, 1914–1966. Die Eingeborene", in: Stockklausner, S. 287
S. 95f.: Rosa Hofmann, in: Widerstand und Verfolgung, S. 450
S. 98: Nora Watteck, Als ich die Schnabelkanne, S. 84
S. 100: Bettina von Arnim, S. 156
ROUTE 6:
S. 110: Juliane Windhager, S. 9
Kochrezepte auf den Seiten 124, 126, 127 in: Gerhard Tötschinger, Christoph Wagner, Köchelverzeichnis. Rezepte aus der Mozartzeit. Salzburg 1990.

Bildnachweis

Anrather, Oskar: 39, 111
Archiv der Hochschule für angewandte Kunst in Wien: 115
Boltzmann-Institut/Steinocher-Fonds: 96
Breiter, Herbert: 93
Institut für Spielforschung und Spielpädagogik der Hochschule „Mozarteum" Salzburg: 20
Internationale Stiftung Mozarteum Salzburg: 15, 32
Lorber, Fritz: 112
Morath, Inge: 55
Österreichische Galerie Belvedere: 79
Salzburg Information: 133
Salzburger Festspiele: 88
Salzburger Museum Carolino Augusteum: 26, 31, 34, 44, 65, 67, 69, 73, 77, 81, 85, 90, 102, 104, 128
Stiegl-Brauerei, Stiegl's Brauwelt: 50
Stiftsammlung Erzabtei St. Peter: 39
Stiftung Salzburger Literaturarchiv: 63
Trakl Forschungs- und Gedenkstätte: 29

Literaturhinweise

von Arnim Bettina, Goethes Briefwechsel mit einem Kinde. Seinem Denkmal. Mit einer Einleitung von Franz Brümmer. Leipzig o. J.

Ausländer Rose, In Salzburg, in: Rose Ausländer, Südlich wartet ein wärmeres Land. Pfaffenweiler 1982.

Bahr-Mildenburg Anna, Erinnerungen. Wien – Berlin 1921.

Barisani Joseph, Meine Antwort zur Rettung einer verläumdeten Hebamme, und zur Bekehrung eines medizinischen Sünders. Salzburg 1798.

Barth-Scalmani Gunda, „Die Hagenauers. Ein Salzburger Bürgergeschlecht aus Ainring", in: Heimatbuch Ainring. Ainring 1990, S. 312ff.

dies., „Die Reform des Hebammenwesens in Salzburg zwischen 1760 und 1815", in: Mitteilungen der Gesellschaft für Salzburger Landeskunde 134 (1994), S. 365–398.

Bauer Günther G., „Die Salzburger Spielkartenmaler des 18. und frühen 19. Jahrhunderts", in: Mitteilungen der Gesellschaft für Salzburger Landeskunde 133 (1993), S. 275–322.

Becker Leopold, „Sebastian Stumpfögger und die sieben Kreuze auf dem Friedhof von St. Peter", in: Mitteilungen der Gesellschaft für Salzburger Landeskunde 39 (1899), S. 153–168.

Busta Christine, Die Scheune der Vögel. Salzburg, 2. Aufl. 1968.

Caroline Auguste (1792–1873), Namenspatronin des Salzburger Museums, Kaiserliche Wohltäterin in Salzburg. Ausstellungskatalog. Redaktion: Elisabeth Rath. Salzburg 1993.

Die andere Geschichte 1: Eine Salzburger Frauengeschichte von der ersten Mädchenschule (1695) bis zum Frauenwahlrecht (1918). Hg. v. Brigitte Mazohl-Wallnig. Salzburg – München 1995.

Die andere Geschichte 2: Eine Salzburger Frauengeschichte des 20. Jahrhunderts. Hg. v. Erika Thurner und Dagmar Stranzinger. Salzburg – München 1996.

Dopsch Heinz, Robert Hoffmann, Geschichte der Stadt Salzburg. Salzburg – München 1996.

„Eine neuentdeckte Salzburger Familienchronik des 16. Jahrhunderts", in: Salzburger Museumsblätter. Jahrgang 13, März–Mai 1934, Nr. 2 3.

„Homo ludens VI": Ball- und Kugelspiele. Hg. v. Günther G. Bauer. Salzburg 1996.

150 Jahre Salzburger Kunstverein. Kunst und Öffentlichkeit. Hg. v. Salzburger Kunstverein. Salzburg 1994.

200 Jahre Landestheater Salzburg 1775–1975. Salzburg 1975.

Kaut Josef, Salzburg von A bis Z. Salzburg – Wien 1954.

Körner Hans, Salzburg. Mit dem Stadtrand und der näheren Umgebung (= Artemis-Cicerone. Kunst- und Reiseführer). Zürich – München 1982.

Mayer Amalie (Hg.), Geschichte der österreichischen Mädchenmittelschulen, Bd. I–II. Wien 1955.

Meine liebste Madam. Gotthold Ephraim Lessings Briefwechsel mit Eva König 1770–1776. Hg. v. Günter und Ursula Schulz. München 1979.

Menzel Wolfgang, Reise nach Österreich im Sommer 1831. Cotta 1832.

Briefe Wolfgang Amadeus Mozarts. Gesamtausgabe mit den Originalbriefen in Lichtdruck, Teil I: Familienbriefwechsel aus den Jahren 1769–1779. Hg. v. Erich H. Müller von Asow. Berlin 1942.

Briefe Wolfgang Amadeus Mozarts. Gesamtausgabe mit den Originalbriefen in Lichtdruck, Teil II: Familienbriefwechsel aus den Jahren 1780–1791. Hg. v. Erich H. Müller von Asow. Berlin 1942.

Mozart. Bilder und Klänge. Ausstellungskatalog. Salzburg 1991.

„Nachruf auf Marie Mösner“, in: Vierter Jahresbericht der Internationalen Stiftung Mozarteum in Salzburg 1884. Salzburg 1885, S. 18–28.

Paumgartner Bernhard, Salzburg. Salzburg 1966.

Pirckmayer Friedrich, „Der Hechsenturm in Salzburg. Ein kleinen Beitrag zur Ortsgeschichte“, in: Mitteilungen der Gesellschaft für Salzburger Landeskunde 25 (1885), S. 14–20.

Auszug des Tagebuches von allen merkwürdigen Begebenheiten und unterschiedlichen Gebräuchen, so sich in der Stadt Salzburg zuegetragen, und in denen Schulen ereignet haben, in den Schuljahren 1745 bis 1748. Von F. Heinrich Pichler. Salzburg 1887.

Renoldner Klemens, Hildemar Holl, Peter Karlhuber (Hg.), Stefan Zweig. Bilder, Texte, Dokumente. Salzburg 1993.

Rieger Eva, Nannerl Mozart. Leben einer Künstlerin im 18. Jahrhundert. Frankfurt a. M. 1990.

von Schellander Irene, „Altes Haus auf dem Mönchsberg, Salzburg“, in: Salzburger Literaturblätter. Jahrgang 8 (1933/34).

Schellhorn M., „Die Petersfrauen. Geschichte des ehemaligen Frauenkonvents bei St. Peter in Salzburg 1130–1583“, in: Mitteilungen der Gesellschaft für Salzburger Landeskunde 65 (1930), S. 113–208.

Schuchter Johanna, So war es in Salzburg. Aus einer Familienchronik. Salzburg 1976.

Sedelmaier Johanna Maria, Gedichte. Salzburg 1832.

Spies Hermann, „Ein italienischer Bericht über den Besuch des Großherzogs Ferdinand II. von Toscana in Salzburg im Jahre 1628", in: Mitteilungen der Gesellschaft für Salzburger Landeskunde 86/87 (1946/47).

Stahl Eva, Wolf Dietrich von Salzburg. Weltmann auf dem Bischofsthron. Wien – München 1980.

Steinitz Wolfgang, Salzburg, ein Kunst- und Reiseführer für die Stadt und ihre Umgebung. Salzburg – Wien 1971.

Stockklausner August, In Salzburg geboren. 2. Aufl. Salzburg 1973.

Stift Nonnberg im Wandel der Zeiten. Nach Aufzeichnungen der langjährigen Archivarin M. Regintrudis Reichlin von Meldegg. Salzburg 1953.

Troll-Borostyáni Irma, Ungehalten. Vermächtnis einer Freidenkerin. Hg. v. Christa Gürtler. Salzburg 1994 (= Salzburger Bibliothek 2).

Wally Barbara (Hg.), Künstlerinnen in Salzburg. Salzburg 1991.

Watteck Nora, „Die Mutter des Dichters Georg Trakl", in: In Salzburg erzählt man... Geschichten. Salzburg 1982.

Watteck Nora, „Als ich die keltische Schnabelkanne ausgraben durfte (1932)", in: Geschichten aus dem Salzburger Land. Salzburg 1983.

Weichselbaum Hans, Georg Trakl. Eine Biographie mit Bildern, Texten und Dokumenten. Salzburg 1994.

Widerstand und Verfolgung in Salzburg 1934–1945. Eine Dokumentation, Bd. 1. Hg. v. Dokumentationsarchiv des österreichischen Widerstandes. Wien – Salzburg 1991.

Windhager Juliane, Schnee-Erwartung. Gedichte. Salzburg 1979.

Zillner Franz Viktor, Geschichte der Stadt Salzburg, 1. Buch: Geschichtliche Stadtbeschreibung. Photomechanischer Nachdruck der Ausgabe von 1885.

Mitarbeiterinnen

CHRISTA GÜRTLER
Studium der Germanistik und Kunstgeschichte, Dr. phil., Lektorin und Literaturwissenschafterin, zahlreiche Publikationen zur österreichischen Literatur und zur Literatur von Frauen.

ISABELLA KLIEN
Studium der Wirtschaftswissenschaften, Dr. rer. soc. oec., PR-Beraterin in Salzburg (Spezialgebiete: Tourismus, Frauen), Initiatorin des Frauentourismusprojekts „Frauen reisen anders! – best for ladies".

GERTRAUD STEINER
Studium der Germanistik und Kunstgeschichte, Dr. phil., Kulturpublizistin, Buchveröffentlichungen: „Wunderkammer Hohe Tauern" und „Gehlüste. Alpenreisen und Wanderkultur".

Kultur- und Wanderführer

Clemens M. Hutter

STADTWANDERN IN SALZBURG

Epochen, Raritäten, Landschaft

Der Autor führt auf wenig bekannten Wegen durch die Stadt und ihr Umland, stellt Raritäten und landschaftliche Besonderheiten vor und erschließt so selbst Salzburgkundigen verblüffend Neues und gleichwohl Bedeutsames.

256 Seiten, zahlr. SW-Abbildungen, 16 Farbtafeln, 11 × 18,5 cm, kartoniert
ÖS 250,–/DM 34,50/SFr 33,–
ISBN 3-7025-0377-3

Monika Oberhammer

PUSTETS KLOSTERFÜHRER

Österreich

Dieses neuartige Kulturgeschichte-Handbuch begleitet kompetent durch die Welt religiöser Baukunst und klösterlicher Mystik. Ein sorgfältig redigierter Serviceteil gibt Auskunft über Besuchsmöglichkeiten, Kulturprogramme und besondere Angebote.

336 Seiten, zahlr. SW- und Farbabbildungen, Leinenband, 11 × 16 cm
ÖS 320,–/DM 44,–/SFr 42,–
ISBN 3-7025-0374-9

VERLAG ANTON PUSTET

„Salzburg für Frauen" wurde unterstützt von: